# CADMOS

## HUNDEPRAXIS

**Graue**
**Schnauzen**

W0029366

CAD MOS

UND PRAXIS

Lesen
Lernen
Wissen

DOROTHEE DAHL

# Graue Schnauzen

Gute Zeit mit alten Hunden

Impressum

Copyright © 2008 by Cadmos Verlag GmbH, Brunsbek
Gestaltung: Ravenstein+Partner, Verden
Satz: Grafikdesign Weber, Bremen
Titelfoto: Frank Fritschy
Druck: agensketterl Druckerei, Mauerbach

Alle Rechte vorbehalten.

Abdruck oder Speicherung in elektronischen Medien
nur nach vorheriger schriftlicher Genehmigung durch den Verlag.

Printed in Austria

ISBN 978-3-86127-754-5

# Inhalt

**Vorwort** . . . . . . . . . . . . . . . . . . . . **8**

**Eine besondere Zeit:
das Alter des Hundes** . . . . . . . . **10**

Graue Schnauzen: Wann Hunde
anfangen, alt zu werden . . . . . . . . . . . . 11

  Unterschiedlicher Zeitpunkt:
  Rasse und Größe . . . . . . . . . . . . . . 11

  Ist mein Hund alt? . . . . . . . . . . . . 13

Merkmale des Alters: Was sich im
Rentenalter verändert . . . . . . . . . . . . . 15

  Körperliche Veränderungen . . . . . . . 15

  Verhaltensänderungen . . . . . . . . . . 19

  Wesensänderungen . . . . . . . . . . . . 22

Warum es so schön ist,
einen alten Hund zu haben . . . . . . . . . 22

  Die Zeit der Ernte:
  abgeklärt und gut erzogen . . . . . . . 23

  Freunde fürs Leben: der alte
  Hund und sein Mensch . . . . . . . . . 23

  Eile zähmen: die Entdeckung
  der Langsamkeit . . . . . . . . . . . . . 25

  Schau mir in die Augen:
  Alterswürde . . . . . . . . . . . . . . . . 25

  Treuer Begleiter: der alte
  Hund im Lebensalltag . . . . . . . . . . 25

**Gesund und fit in
den besten Jahren** . . . . . . . . . . **27**

Die Pflege des alten Hundes . . . . . . . . 28

  Fellpflege . . . . . . . . . . . . . . . . . . 28

  Zahnpflege . . . . . . . . . . . . . . . . . 29

  Ohrenpflege . . . . . . . . . . . . . . . . 30

  Krallen- und Pfotenpflege . . . . . . . 31

Fitnesstraining: so bleiben
Hundesenioren mobil . . . . . . . . . . . . . 32

  Wer rastet, der rostet . . . . . . . . . . . 32

  Unternehmungen mit
  alten Hunden . . . . . . . . . . . . . . . 32

  Kondition . . . . . . . . . . . . . . . . . 34

  Hundesport mit
  alten Hunden? . . . . . . . . . . . . . . 35

Mentales Training für
Hundesenioren . . . . . . . . . . . . . . . . . 35

  Spaß- und Spielideen . . . . . . . . . . 35

Unterstützung für
alte Knochen . . . . . . . . . . . . . . . . . . 38

  Steighilfen und Treppengitter . . . . . 39

  Weiche Liegeplätze . . . . . . . . . . . . 39

  Warme Decken,
  weiche Mäntel . . . . . . . . . . . . . . 39

Wellness für alte Hunde . . . . . . . . . . . 41

  Schwimmen . . . . . . . . . . . . . . . . 42

  Baden . . . . . . . . . . . . . . . . . . . . 43

  Massage . . . . . . . . . . . . . . . . . . 44

  Ruhezone . . . . . . . . . . . . . . . . . 45

**Essen auf Rädern oder Weiches
aus der Dose: Wie man alte
Hunde richtig füttert** . . . . . . . . **46**

Selbst kochen oder selbst kaufen? . . . . . 47

  Trockenfutter . . . . . . . . . . . . . . . 47

  Dosenfutter . . . . . . . . . . . . . . . . 47

  Rohfütterung . . . . . . . . . . . . . . . 47

Weniger ist mehr . . . . . . . . . . . . . . . 48

Das ist ja ein dicker Hund! . . . . . . . . . 48

  Diätprogramm für
  Hundesenioren . . . . . . . . . . . . . . 49

# Inhalt

## Leben mit Krankheiten, die das Hundealter mit sich bringen kann .......... 50

Gesundheitsvorsorge. . . . . . . . . . . . . . 51
Typische Altersbeschwerden . . . . . . . . 52
Inkontinenz . . . . . . . . . . . . . . . . . . . . . 53
Maulgeruch und
schlechte Zähne . . . . . . . . . . . . . . . . . 54
Erkrankungen des
Bewegungsapparates . . . . . . . . . . . . . 55
Erkrankungen der
großen Organe . . . . . . . . . . . . . . . . . . 57
Gutartige Tumoren . . . . . . . . . . . . . . . 58
Bösartige Tumoren: Krebs . . . . . . . . . . 59
Der schlecht sehende
oder blinde Hund . . . . . . . . . . . . . . . . 61
    Anpassung der
    Umgebung . . . . . . . . . . . . . . . . . . 61
    Kommunikation mit
    dem schlecht sehenden
    oder blinden Hund . . . . . . . . . . . . 62
Der schwerhörige
oder taube Hund . . . . . . . . . . . . . . . . 63
    Kommunikation mit
    dem schwerhörigen
    oder tauben Hund . . . . . . . . . . . . . 63
Demenz beim Hund . . . . . . . . . . . . . . 65

## Für immer einen Platz im Herzen: Abschied nehmen .......... 68

Wenn der Hund
plötzlich stirbt . . . . . . . . . . . . . . . . . . 69
Wenn eine Behandlung
nicht mehr weiterhilft . . . . . . . . . . . . 69

Eine schwere Entscheidung:
das Einschläfern . . . . . . . . . . . . . . . . . 70
    Für einen Freund da sein . . . . . . . . 71
    Wann? . . . . . . . . . . . . . . . . . . . . . . 71
    Wo? . . . . . . . . . . . . . . . . . . . . . . . 71
    Wie? . . . . . . . . . . . . . . . . . . . . . . . 72
Neue Wege: Tierbestattung
und Tierfriedhöfe . . . . . . . . . . . . . . . . 73
Ein neuer Hund? . . . . . . . . . . . . . . . . . 75

## Danke .................... 76

## Literatur ................... 77

## Stichwortregister ............ 78

# Vorwort

Wer das Glück hat, einen Hund zu haben, hat irgendwann eine ganz besondere Zeit vor sich: das Alter des geliebten Vierbeiners.

Man kann nicht immer genau sagen, wann das Älterwerden beginnt, es gibt Rasseunterschiede, aber auch ganz verschiedene Hundetypen. Der eine kann bis ins hohe Alter gut laufen und liebt es, seine Besitzer noch auf langen Spaziergängen zu begleiten; der andere ist schon mit seinem Aussichtsplatz im Garten zufrieden. Was immer auch die Zeichen des Alters bei Ihrem Hund ausmachen: die Hundepersönlichkeit, die Sie vielleicht schon viele Jahre begleitet hat, verdient es, in Würde alt werden zu dürfen.

Hunde haben gerade in dieser Phase ihres Lebens andere Bedürfnisse, weil sich vieles verändert. In diesem Buch erfahren Sie, wie man dafür sorgen kann, dass der Senior möglichst lange fit und gesund bleibt. Sie erhalten wertvolle Tipps zur Ernährung des alten Hundes, zum Umgang mit alterstypischen Verhaltensweisen und zur Kommunikation mit Hundesenioren, die nicht mehr so gut sehen oder hören können.

Dieses Buch möchte dazu anregen, die Seniorenzeit des Hundes ganz besonders zu genießen und ihm alles zu geben, was er gerade in diesem Lebensabschnitt braucht.

## Vorwort

*Ein Hund, der schon auf viele Jahre zurückblicken kann, hat es verdient, im Herbst und Winter seines Lebens ganz besonders liebevoll umsorgt zu werden.
(Foto: Tierfotoagentur/ Fischer)*

Graue Schnauzen

# Eine besondere Zeit: das Alter des Hundes

So, wie es Spaß macht, einen jungen quirligen Hund zu sich zu nehmen, ist auch das Zusammenleben mit einem älteren Hund etwas ganz Besonderes. In den meisten Fällen kennt man sich schon länger, hat vielleicht viele Jahre miteinander verbracht und versteht sich ohne Worte. Aber auch wenn man sich entschließt, einem Senior ein neues Zuhause zu bieten, kann diese neue Begegnung eine besondere Qualität haben, wenn der Hund schon älter ist. Es ist erstaunlich, wie gelassen und über den Dingen stehend alte Hunde sein können, selbst wenn sie in ihrem bisherigen Leben weniger schöne Erfahrungen gemacht haben. Oft sind sie mit wenig zufrieden,

*Zusammen aufgewachsen und schon viel erlebt: Die beiden sind richtig dicke Freunde. (Foto: Tierfotoagentur/Richter)*

## Eine besondere Zeit: das Alter des Hundes

*Rasse und Größe beeinflussen neben anderen Faktoren die Lebenserwartung eines Hundes. Der Dackel auf diesem Foto ist aber noch jung und hat kein einziges graues Haar. (Foto: Tierfotoagentur/Richter)*

freuen sich über den engen Kontakt mit Menschen und ein gemütliches Hundebett und brauchen nicht mehr das zu lernen, was einem bei einem jungen Hund bevorsteht.

## Graue Schnauzen: Wann Hunde anfangen, alt zu werden

Wie bei uns Menschen beginnt das Älterwerden auch bei Hunden ganz unterschiedlich. Eine grauer werdende Schnauze kann, je nach Farbe des Hundes, auch schon in jüngeren Jahren auftreten. Bei Hunden spielen mehrere Faktoren eine Rolle: die durchschnittliche Lebenserwartung der Rasse, Gesundheit, Haltungsbedingungen und die individuelle körperliche und mentale Konstitution. Die Pflege des Hundes beeinflusst die Lebenserwartung ebenfalls positiv; hier ist vor allem auf ausgewogene Ernährung, die den Hund schlank bleiben lässt, ausreichende Bewegung, Zahnpflege und regelmäßige Kontrolle durch den Tierarzt zu achten.

### Unterschiedlicher Zeitpunkt: Rasse und Größe

Hunde unterschiedlicher Rassen erreichen auch ein anderes durchschnittliches Lebensalter. Es gibt Rassen, die sehr alt werden

## Eine besondere Zeit: das Alter des Hundes

*Huskys gehören zu den Hunderassen, denen man ihr Alter nicht besonders ansieht. Auf dem Gespannfoto ist der Leithund vorn links (Schwarz-Weiß-Pinto) schon 11,5 Jahre alt. Dies war sein letztes Schlittenhunderennen, danach ging er in die wohlverdiente Rente. Seine Partnerin auf dem Foto ist genau 10 Jahre jünger. (Foto: Roppelt)*

können. So ist es nicht außergewöhnlich, wenn ein Pudel, Cocker oder Chihuahua 15 Jahre oder älter wird. Andere Rassen dagegen sterben für unser Gefühl oft viel zu jung. Immer wieder kommt es vor, dass zum Beispiel ein Irish Wolfhound, der Riese unter den Windhunden, oder auch eine Dogge nicht älter als sechs bis acht Jahre wird. Man kann generell sagen, dass größere Hunde ein geringeres Lebensalter

## Eine besondere Zeit: das Alter des Hundes

erreichen als kleine. Dackel gehören beispielsweise zu den Rassen, die sehr alt werden können, auch Jack Russell Terrier erreichen manchmal sogar 17 Jahre und mehr. Labrador Retriever liegen mit einer Lebenserwartung von etwa zehn Jahren im Mittelfeld. Es gibt auch Ausnahmen: Golden Retriever und Airedaleterrier, die beide zu den größeren Hunderassen zählen, werden zuweilen bis zu 15 Jahre alt. Bei Mischlingen spielen die Rassen eine Rolle, die an diesem Mix beteiligt waren. Da aber bei Mischlingen eine ganz neue Gen-Zusammensetzung stattgefunden hat, ist davon auszugehen, dass negativ beeinflussende Faktoren wie Inzucht nicht mehr gegeben sind. Deshalb erreichen Mischlinge auch häufig ein höheres Lebensalter als die Rassen, denen sie ursprünglich entstammen.

Neben Rasse und Größe trägt auch die Beanspruchung des Hundes zu seiner Lebenserwartung bei. Ein arbeitender Border Collie, dessen Rasse eigentlich mit 13 bis 15 Jahren eine recht hohe Lebenserwartung aufweist, kann bei starker Beanspruchung auch schon mit acht bis zehn Jahren verbraucht sein. Man muss hier aber abwägen, denn ein zu dicker Hund, der sein Leben lang auf der Couch faulenzt, wird erwartungsgemäß auch nicht alt.

Ein kleines Trostpflaster dafür, dass uns ein Hund nicht unser ganzes Leben lang begleiten kann, ist die Tatsache, dass die Lebenserwartung unserer Hunde insgesamt gestiegen ist. Dies ist sowohl einer besseren medizinischen Vorsorge und Behandlung als auch einer artgerechteren Ernährung zuzuschreiben.

### Ist mein Hund alt?

Um feststellen zu können, ob auch Ihr Hund bereits in die Jahre gekommen ist, sollten Sie ihn im Alltag genau beobachten. Neben den grauen Haaren an der Schnauze und an anderen Stellen im Fell gibt es viele Zeichen, die darauf hindeuten

können, dass Ihr Hund ein Senior wird. Wichtig ist aber immer, zuerst abzuklären, ob es sich nicht um ein Anzeichen für eine Krankheit handelt. Wenn dies ausgeschlossen werden kann, ist zu überlegen, wie man mit den veränderten Bedürfnissen des Hundes so umgehen kann, dass er sein Rentenalter glücklich und zufrieden erlebt.

Möglicherweise fällt Ihnen beim Spaziergang auf, dass Ihr Hund nicht mehr vor Ihnen hertrabt oder gar an der Leine zieht, sondern stattdessen langsam und ruhig neben oder hinter Ihnen läuft. Im Alter werden Hunde meistens etwas langsamer. Sie bewegen sich nicht mehr so schnell, und auch ihr Reaktionsvermögen lässt nach. Dies hat aber den unschätzbaren Vorteil, dass man gemütlicher spazieren gehen kann. Es kann sein, dass ein Hund, der früher jedem Blättchen hinterherjagte, sich jetzt nur noch für Kaninchen in Bewegung setzt, die kurz vor seiner Nase auftauchen. Alle anderen lässt er laufen und genießt stattdessen die warme Sonne auf seinem Fell. Es kann sein, dass er schon von der kleinen Spaziergehrunde genauso müde wird wie früher nach der großen, und danach in seinem Körbchen verschwindet, das er für die nächsten Stunden nicht mehr verlässt.

Es kann auch sein, dass Sie Ihren Hund rufen und er gar nicht auf Sie reagiert. Da das Hörvermögen wie beim Menschen im Alter nachlässt, hat Ihr Hund Sie vermutlich gar nicht gehört. Und vielleicht sieht er auch weniger gut, sodass er Sie erst einmal gar nicht wahrnimmt. Aber keine Angst, auch ein älterer Hund kann lernen, mit den neuen Gegebenheiten umzugehen. Er erreicht mit Ihrer Hilfe eine neue Kommunikationsroutine, die anders ist, aber erfahrungsgemäß funktioniert.

Wenn Sie Ihren Hund streicheln, kann es passieren, dass Sie auf oder unter seiner Haut einen Knubbel fühlen. Bitte geraten Sie nicht gleich in Panik, denn bei älteren Hunden kommt es häufig vor, dass sich am Körper relativ weiche Geschwülste bilden.

Graue Schnauzen | 13

## Eine besondere Zeit: das Alter des Hundes

*Alte Hunde sind vielleicht beim Spazierengehen nicht mehr so schnell, aber meist treue und ruhige Begleiter. (Foto:Tierfotoagentur/ Fischer)*

Diese sind in den meisten Fällen gutartig und müssen daher auch nicht unbedingt operiert werden. Beobachten Sie aber bitte, ob diese Knubbel sich verändern, und lassen Sie sie regelmäßig beim Tierarzt kontrollieren.

Auch ein bekanntes Verhalten Ihres Hundes kann sich verändern, wenn er älter wird. Es ist möglich, dass er Ängste, die er früher hatte, gänzlich ablegt, es kann aber auch sein, dass er plötzlich Angst vor Dingen hat, denen er früher sehr beherzt begegnet ist. Diese unterschiedliche Reaktionsweise kann mit der veränderten Sinneswahrnehmung des Hundes zusammenhängen, aber auch andere Gründe haben.

Kein Problem, sondern oft sehr rührend ist das Bedürfnis vieler alter Hunde, möglichst oft und möglichst nah bei ihrem Menschen zu sein. Geben Sie Ihrem Hund diese Nähe und räumen Sie dem Senior Privilegien ein, die Sie unter Umständen früher vielleicht gar nicht erlaubt hätten. Was spricht dagegen, dem alten Herrn oder der alten Dame ein warmes Plätzchen auf dem Sofa zu gönnen, ein Schaffell unter den Schreibtisch zu legen oder ein weiches Körbchen mit ins Büro zu nehmen?

So kann der Hund dabei sein, wird aber in der seinem Alter angemessenen Gelassenheit vermutlich nicht stören, sondern einfach nur still anwesend sein.

Auch das Älterwerden Ihres Hundes ist ein Prozess, der nicht von heute auf morgen verläuft. Nehmen Sie Rücksicht auf die kleinen Veränderungen und weichen Sie von Gewohnheiten ab, wenn Sie spüren, dass diese Ihrem Hund nicht mehr guttun. Womöglich verhilft der Hundesenior mit seinen veränderten Bedürfnissen auch Ihnen zu der ein oder anderen Pause in unserem doch oft sehr hektischen Alltag.

Dies kann dann so aussehen, dass Sie nicht mehr gemeinsam durch den Wald joggen, sondern eher auf einer Bank die Abendsonne genießen. Auch das ist Lebensqualität für Mensch und Hund.

# Merkmale des Alters: Was sich im Rentenalter verändert

Der Körper des älteren Hundes verändert sich im Laufe der Zeit, und es treten je nach Rasse auch Verschleißerscheinungen auf, mit denen man als Hundebesitzer besonders sorgsam umgehen sollte. Wenn ein Hund keine Schmerzen hat, kann er oft im hohen Alter noch viele Dinge mitmachen, die er auch in jungen Jahren gern getan hat. Trotzdem ist es gerade im Alter wichtig, den Hund im Alltag zu beobachten, damit man ihn nicht überfordert. Ein alter Hund, der nach wie vor fröhlich ins Auto springt, sollte dies auch weiterhin tun dürfen. Wenn er aber wartet, bis man ihn hineinhebt, kann dies ein Zeichen dafür sein, dass er nicht mehr in das Auto springen kann. Hier ist eine Einstiegshilfe für Hunde eine Entlastung für den Besitzer. Außerdem erspart sie dem Hund womöglich schmerzhafte Sprünge ins Auto.

## Körperliche Veränderungen

Beweglichkeit

Die eingeschränkte Beweglichkeit des älteren Hundes erwähnte ich bereits, aber auch hier gibt es immense Unterschiede je nach Rasse und individueller Konstitution. Ich kenne Hunde, beispielsweise einen kleinen Jack Russell, der die 15 Jahre schon längst überschritten hat und immer noch wie ein Flummi in seiner Familie herumhopst. Er flitzt wie ein junger Hund und sitzt genauso schnell auf dem Tisch wie auf dem ebenfalls schon etwas älteren Pony. Dies hat sicher damit zu tun, dass er ein kleiner Hund ist, der sich in seinem ganzen Leben immer viel bewegt hat. Bei älteren Hunden baut sich die Muskulatur zwar ab, ausreichende Bewegung verlangsamt diesen Prozess aber deutlich. Hier bedingt sich vieles gegenseitig: Durch eine porösere Knochenstruktur bei älteren Hunden und einer messbar dünneren Knorpelschicht

## Eine besondere Zeit: das Alter des Hundes

*Die Einstiegshilfe ist eine Entlastung für Hund und Besitzer. (Foto: JBTierfoto).*

kann es sein, dass der Hund sich weniger bewegt, weil ihm dies Schmerzen bereitet oder er eine Bewegung einfach nicht mehr so gut ausführen kann. Sehr große Hunde können schon in jüngeren Jahren Probleme mit dem Bewegungsapparat bekommen und sind oft als alte Hunde ruhiger und weniger beweglich als kleine Hunde.

 Sehvermögen

Augen sind sehr empfindliche Sinnesorgane, die sehr unterschiedliche Krankheitsanzeichen aufweisen können. Starke Lichtempfindlichkeit, Blinzeln oder Zwinkern und Rötungen der Augen können wichtige Hinweise auf ernst zu nehmende Augenerkrankungen sein. Auch ein verändertes Verhalten

## Eine besondere Zeit: das Alter des Hundes

des Hundes kann auf eine Sehstörung zurückzuführen sein. Ungewohnte Ängstlichkeit, Schnappen oder gar Beißen bei plötzlicher Berührung und deutliche Unsicherheit an unbekannten Orten (womöglich stößt sich der Hund an Möbeln oder Gegenständen die er nicht mehr gut erkennen kann) sind Anzeichen, denen man unbedingt auf den Grund gehen sollte.

Schaut man in die Augen eines alten Hundes, erkennt man oft eine Linsentrübung, die das Auge ganz anders erscheinen lässt als beim jungen Hund. Diese Trübung muss das Sehvermögen nicht zwangsläufig einschränken. Wenn aber eine der Augenerkrankungen, wie wir sie auch bei Menschen kennen, der graue Star oder der grüne Star (das sogenannte Glaukom) hinzukommt, kann dies bis zur Erblindung führen. Im Kapitel über mögliche Erkrankungen des alten Hundes erfahren Sie mehr über diese Krankheiten, den Umgang und die Kommunikation mit einem Hund, der schlecht oder gar nicht mehr sehen kann.

 ### Hörvermögen

So wie bei Einschränkungen des Sehvermögens, kann auch eine Verschlechterung der Hörfähigkeit beim Hund durch Symptome auffallen, bei denen man nicht sofort an ein Hörproblem denkt. Hat der Hund Gleichgewichtsstörungen, zeigt eine Veränderung in seinem Schlafverhalten oder reagiert nicht mehr auf bekannte Geräusche ist neben einer gründlichen Allgemeinuntersuchung auch die Abklärung der Hörfähigkeit erforderlich.

Einer meiner ersten Hunde, die bei mir alt geworden sind, reagierte eines Tages nicht mehr so wie früher, wenn ich ihn rief. Es dauerte einige Zeit, bis ich herausgefunden hatte, dass sein Hörvermögen offen-

*Ruft mich jemand? Auch wenn dieser ältere Hund nicht mehr so gut hören und sehen kann: Er buddelt noch für sein Leben gern! (Foto: Schmidt-Röger)*

## Eine besondere Zeit: das Alter des Hundes

sichtlich deutlich nachgelassen hatte. Er kam nämlich auch dann nicht mehr, wenn ich mit Futterschälchen hantierte und ihn zum Fressen rief, etwas, wofür er früher jedes Schläfchen gern unterbrach. Ging ich zu ihm und sprach ihn an, meinte ich sogar so etwas wie Erschrecken bei ihm wahrgenommen zu haben, weil er mich nicht hatte ankommen hören. Fortan ging ich vorsichtig zu ihm hin, nahm das duftende Schälchen mit und bat den Senior in aller Ruhe zu Tisch. Grundsätzlich nimmt das Hörvermögen bei allen Hunden im Alter ab, da die Sinneshaare im Innenohr weniger werden. Es gibt allerdings auch Erkrankungen, die zur völligen Taubheit des Hundes führen können. Auch dazu mehr im Kapitel über Krankheiten.

 Stoffwechsel

Im Alter verlangsamt sich die Aufnahme, Umsetzung und der Abbau von Stoffen im Körper. Dies wird sowohl von der veränderten Funktionsfähigkeit des Verdauungstraktes, des Zustandes der großen Organe und der Zähne sowie vom Hormonhaushalt beeinflusst. Eine verminderte Funktionsfähigkeit kann dazu führen, dass Nährstoffe nicht mehr ausreichend verarbeitet werden. Der Energiebedarf des Hundes nimmt ab, und er reagiert unter Umständen empfindlicher auf Umstellungen des Futters oder der Fütterungsgewohnheiten. Mit einem angepassten Fütterungsplan und dem richtigen Futter kann diesem Veränderungsprozess adäquat begegnet werden.

*Auch Punkte können sich im Alter verändern: Bei Dido, dem Dalmatinerrüden, blieben Schwarz und Weiß an Rumpf und Rute bis zum Schluss gut abgegrenzt, nur im Gesicht verblassten die Flecken, wie man auf diesem Foto gut sehen kann.*
*(Foto: Dr. Schewior-Roland)*

# Eine besondere Zeit: das Alter des Hundes

 Fell

Neben der Veränderung der Fellfarbe, die nicht nur an der Schnauze je nach Grundfarbe mehr oder weniger zum Grau tendiert, verändert sich auch die Struktur des Fells, wenn der Hund älter wird. Das Fell braucht dann eine andere Pflege. Die darunterliegende Haut muss regelmäßig auf Veränderungen, Schwellungen oder Gewebeveränderungen untersucht werden. Im Kapitel über die Fellpflege erfahren Sie, wie das geht und wie man den Zustand des Fells auch von innen positiv beeinflussen kann.

## Verhaltensänderungen

 Ängstlichkeit

Manche Hunde reagieren im Alter plötzlich anders als früher auf ihnen bekannte Dinge. Es gibt Hunde, die ängstlicher auf Geräusche, Bewegungen oder neue Umgebungen reagieren, als sie es je getan haben, aber auch Hunde, die plötzlich viel gelassener an Dinge herangehen, vor denen sie früher große Angst hatten. Beides kann unterschiedliche Ursachen haben. Das Hör- und Sehvermögen, aber auch degenerative Vorgänge im Gehirn des Hundes können hier eine Rolle spielen. Es gibt Hunde, die tatsächlich vergesslicher werden, sich sogar im Haus verirren und in einem unbekannten Umfeld nicht wiederzuerkennen sind. Man hat festgestellt, dass die Symptome einer Demenz, wie wir sie bei Menschen kennen, auch bei Hunden auftreten können.

Wenn Sie herausgefunden haben, wovor Ihr Hund Angst hat, können Sie gemeinsam mit der Situation umgehen lernen. Setzen Sie ihn dieser Angst nicht bewusst aus, bemitleiden Sie ihn aber auch nicht, damit er sich in seinem Verhalten nicht bestätigt fühlt. Versuchen Sie, sein Vertrauen zu gewinnen, und zeigen Sie ihm bei unvermeidbaren Dingen, dass man davor keine Angst haben muss, indem Sie zum Beispiel beherzten Schrittes vorgehen. Ängste vor Gewitter oder Feuerwerk lassen sich meistens dadurch lindern, dass man den Hund in diesen Momente nicht allein lässt und sich gemeinsam in einen Raum begibt, in dem man den Geräuschen weniger ausgesetzt ist. Auch hier gilt: Sprechen Sie nicht mitleidig mit dem Hund, sondern machen Sie lieber etwas Schönes mit ihm: ein Spiel, eine Hundemassage oder eine Kraulstunde auf dem Sofa mit Entspannungsmusik. Wenn der Hund spürt, dass Sie gelassen und entspannt sind, wird er weniger Angst haben und diese vielleicht sogar abbauen können.

 Bellen

Die Lautäußerung des Bellens gehört zum Hund wie das Muh zur Kuh. Das Bellverhalten des Hundes hat immer einen Grund, wobei es sich leider auch verselbstständigen kann. Da Hunde durch Verknüpfung lernen, kann es sein, dass der Hund mit einem lang andauernden Bellen Erfolg hatte. Er hat zum Beispiel Aufmerksamkeit bekommen, man hat ihm eine Tür geöffnet oder ihn vom Alleinsein befreit. Tritt eine ähnliche Situation ein, wird er vermutlich wieder versuchen, durch das Bellen etwas zu erreichen. Manchmal hat sich das Bellen dann so manifestiert, dass es nichts mehr nützt, den Hund zu ignorieren und auf das Bellen nicht mehr zu reagieren. In dem Fall muss der Hund lernen, in dieser Situation eine andere Verknüpfung herzustellen. Hier kann Ihnen ein erfahrener Hundetrainer am besten helfen. In Einzelstunden kann er Ihnen zeigen, wie Sie das Bellverhalten wieder in richtige Bahnen lenken können.

Hunde, deren Hirnleistungsprozesse langsamer ablaufen und die schon sehr alt sind, zeigen manchmal vermehrtes Bellen, das scheinbar keinen Grund hat. Sie bellen meist in Situationen, in denen sie offensichtlich nicht mehr weiterwissen. Das kann der Aufenthalt in einem unbekann-

## Eine besondere Zeit: das Alter des Hundes

*Manchmal bellen vor allem ältere Hunde scheinbar ohne Grund. (Foto: Tierfotoagentur/ Schwerdtfeger)*

## Eine besondere Zeit: das Alter des Hundes

ten Raum sein, die fehlende Nähe zum Rudel (Familie) oder ein anderer Tagesablauf, den sie so nicht gewohnt sind. Wir können in diesem Fall als Hundebesitzer dadurch eingreifen, dass wir die Situation verändern. Meist reicht es, den Hund zu uns zu holen, ihm etwas zu bieten, was er kennt (Körbchen, Spielzeug, Kauknochen), und ihn für kurze Zeit abzulenken, damit er das Bellen „vergisst".

### Eigenbrötler oder Klette

Deutlicher Rückzug oder aber die Tendenz, den Menschen gar nicht mehr allein lassen zu wollen, können Verhaltensänderungen im Alter des Hundes sein. Wenn ein ehemaliger Hallodri sich plötzlich am liebsten irgendwohin zurückzieht, muss das aber kein Alarmzeichen sein. Lassen Sie ihn untersuchen, um sicherzustellen, dass er keine Krankheit ausbrütet. Wenn gesundheitlich alles in Ordnung ist, sollte man den Hund einfach lassen. Man kann ihn nicht dazu verpflichten, uns Gesellschaft zu leisten. Vielleicht braucht er seine Ruhe, und das sollten wir respektieren.

### Stubenreinheit

Es kann auch vorkommen, dass Ihr bis jetzt eigentlich stubenreiner Hund immer mal wieder kleine Pfützen im Haus hinterlässt, obwohl Sie regelmäßig mit ihm spazieren gehen. Sie können davon ausgehen, dass der Hund die Stubenreinheit

*Alte Hunde reagieren im Kontakt mit Artgenossen manchmal anders als in jungen Jahren. (Foto: Tierfotoagentur/Richter)*

nicht plötzlich verlernt hat oder böser Wille dahintersteckt. Eine Bestrafung wäre deshalb auch völlig unangebracht. Eine Veränderung der Stubenreinheit im Alter kann unterschiedliche Ursachen haben, auf die ich ebenfalls im Kapitel über Krankheiten im Hundealter näher eingehen werde.

 Schlafen

Ein alter Hund wird schneller müde, und es kann gut sein, dass er zum zweiten ausgedehnten Spaziergang des Tages womöglich nicht mehr freudig aus seinem Körbchen kommt, sondern genüsslich liegen bleibt. Unsere ältere Mischlingshündin bleibt vor allem morgens gerne länger im Körbchen oder auf dem Bett liegen und ist erst am späten Vormittag dazu zu bewegen, das Haus für die nötigsten Geschäfte zu verlassen. Ältere Hunde schlafen deutlich mehr und länger als Hunde in der Mitte ihres Lebens. Wichtig ist dann vor allem ein ungestörtes Plätzchen, an dem es nicht zieht, unser alter Hund aber noch genug vom Leben um ihn herum mitbekommt.

**Wesensänderungen**

Wenn Sie das Gefühl haben, Ihr alter Hund verändert sich so, wie Sie ihn gar nicht kennen, sollten Sie der Sache unbedingt auf den Grund gehen. Früher nie gekanntes aggressives Verhalten bei der Begegnung mit Artgenossen, auch ohne ersichtlichen Grund, Unruhe und Nervosität bei einem eher gelassenen Gesellen oder eine nie gekannte Scheu können genauso wie eine grenzenlose Zutraulichkeit Zeichen für einen Krankheitsprozess sein, wie ein ungewohntes Absondern eines Hundes, der früher am liebsten im Mittelpunkt des Geschehens stand. Degenerative Erkrankungen des Gehirns, aber auch Infektionskrankheiten können hier die Ursache sein.

## Warum es so schön ist, einen alten Hund zu haben

Wer sich die Zeit nimmt, seinen alten Hund ganz neu kennenzulernen, wird feststellen, dass das Zusammenleben eine neue Dimension bekommt. Unser Hund hat sich verändert, er ist vielleicht gemächlicher,

## Eine besondere Zeit: das Alter des Hundes

ruhiger und grauer geworden. Aber gerade jetzt können wir Menschen viel von unseren älteren Begleitern lernen. In unserem Alltag ist das Tempo oft sehr hoch, es bleibt manchmal nur wenig Zeit, die kleinen Dinge wirklich zu genießen. Ein alter Hund kann uns dazu bringen, immer wieder ein wenig innezuhalten – beim Blick in die Augen unseres alten Hundes und bei der Erinnerung an gemeinsame Jahre und Erlebnisse, die nicht nur unseren Hund verändert haben. Auch wenn es nicht immer einfach ist, für einen alten Hund zu sorgen, gibt so viele schöne Dinge im Leben mit einem alten Hund, dass ich Ihnen nur ans Herz legen kann, diese Zeit so intensiv wie möglich zu genießen.

*Kind und Hund: Hier ist der alte Dalmatiner Hilfsbabysitter. Dies ist nur dann zur Nachahmung geeignet, wenn Erwachsene in der Nähe sind und der Hund verlässlich ist. (Foto: Dr. Schewior-Roland)*

### Die Zeit der Ernte: abgeklärt und gut erzogen

Der Erziehung unseres jungen Hundes haben wir vermutlich viel Zeit gewidmet und waren unter Umständen verzweifelt, wenn der Hund nicht das tat, was er sollte. Vielleicht zog er an der Leine, machte sich auf dem Spaziergang selbstständig oder randalierte immer dann, wenn ihm andere Hunde begegneten. Auch wenn ein Hund seine Eigenschaften im Alter nicht völlig ablegt, wird er doch in den meisten Fällen insgesamt gelassener. Viele alte Hunde, die man früher in allen Lebenslagen an die Leine nehmen musste, haben sich ihrem Besitzer inzwischen so angeschlossen, dass sie ihm folgen, egal was passiert.

Einen jungen Hund muss man ständig im Auge behalten, um mitzubekommen, wenn er wieder mal Unfug macht. Er klaut den Kuchen schneller vom Tisch, als Sie gucken können, schreddert das dritte neue Körbchen, obwohl Sie dachten, diese Zeit sei nun vorbei, und macht einen Riesenaufstand, wenn der Postbote kommt. Ältere Hunde dagegen haben meist gelernt, was sie dürfen und was nicht. Sie sind vielleicht auch einfach nur zu müde oder zu steif, um auf den Stuhl und anschließend auf den Tisch zu springen, oder hören gar nicht mehr, dass jemand an der Tür ist.

Wenn der alte Hund nicht unter Inkontinenz leidet, ist auch das Erledigen der Geschäfte zu einem unkomplizierteren Thema geworden als bei einem jungen Hund. Auch wenn ältere Hunde unter Umständen wieder häufiger müssen, ist dies nicht unbedingt an feste Zeiten gebunden. Sie zeigen meist deutlich an, dass sie hinauswollen, erledigen schnell ihr Geschäft und verschwinden flugs wieder im Körbchen unter der warmen Decke.

In der Kommunikation mit unserem alten Hund reichen oft nur wenige Worte oder auch nur ein Blick. Der Hund ist schon seit Jahren ein Familienmitglied, das seinen Platz im Rudel längst gefunden hat. Das macht das Miteinander stressfreier und selbstverständlicher.

### Freunde fürs Leben: der alte Hund und sein Mensch

10, 14 oder gar 16 Jahre mit einem Hund zu verbringen heißt auch für den Menschen, dass in dieser Zeit viel geschehen ist. Vielleicht haben Sie ein Haus gebaut, Kinder großgezogen und andere Dinge erlebt, die Ihr inzwischen alter Hund

Graue Schnauzen 23

## Eine besondere Zeit: das Alter des Hundes

*Auch wenn man einen Hund zu sich nimmt, der schon älter ist, kann man noch eine innige Beziehung aufbauen. (Foto: Tierfotoagentur/ Schwerdtfeger)*

mitgemacht hat. Er hat Ihre Stimmungen genauso wahrgenommen wie Veränderungen im Familienrudel oder den Wechsel an einen anderen Wohnort. Auch Ihren Hund haben diese Erlebnisse geprägt, und er hat sich Ihnen in dieser Zeit vermutlich noch mehr angeschlossen als in jungen Jahren. Vielleicht bemerken Sie, dass Ihr Hund nun viel mehr als früher versucht, dort zu sein, wo Sie sind. Er gibt sich meist mit wenig zufrieden und ist froh, in der Nähe seines Menschen ein warmes Plätzchen zu haben, von dem aus er beobachten kann, was um ihn herum geschieht. Wenn er auf dem Sofa noch ein Stückchen näher rückt, Ihnen plötzlich unterm Schreibtisch sanft den

# Eine besondere Zeit: das Alter des Hundes

Kopf aufs Knie legt oder Ihnen einen Blick zuwirft, der sofort mitten in Ihrem Herzen landet, wird die Zuneigung spürbar, die sich in vielen Jahren zwischen Ihnen entwickelt hat.

Es ist schön, die Begegnung mit diesem alten Hund wie eine Freundschaft zu betrachten und die Geschenke anzunehmen, die so eine Gemeinschaft mit sich bringt. Für Sie kann das bedeuten, sich auf den Hund und seine Bedürfnisse einzulassen und sich seinem Tempo anzupassen. Wenn Sie spüren, welche positiven Auswirkungen diese Ruhe und Besinnung auch auf Sie haben können, werden Sie die innige Verbindung mit Ihrem alten Hund bestimmt noch mehr zu schätzen wissen.

## Eile zähmen: die Entdeckung der Langsamkeit

Auch wenn Ihr alter Hund früher ein blitzschneller Jäger war, kann es sein, dass er nun nur noch kurz den Kopf hebt, wenn auf dem Spaziergang ein Kaninchen aus dem Gebüsch schießt. Er sieht es nicht nur später, es scheint auch gar nicht mehr so wichtig zu sein wie früher, denn er hat in seinem Leben womöglich schon viele Kaninchen gesehen und verfolgt. Das hat den unschätzbaren Vorteil, dass auch alte Jäger nicht mehr unbedingt an der Leine bleiben müssen. Oft trotten sie gemütlich neben uns her, schnüffeln hier und da und sind mit einer kleinen Runde zufrieden. Manchmal bleiben sie auch hinter uns und halten das gewohnte Lauftempo nicht mehr bei. Wir müssen immer wieder stehen bleiben und auf sie warten. Einen alten Hund hinter sich herzuziehen oder auf andere Weise zu schnellerer Bewegung zu zwingen, wäre schlichtweg gemein. Er will vielleicht schneller laufen, um Sie nicht zu verlieren, kann es aber oft gar nicht mehr, weil seine Knochen und seine Muskulatur nicht mehr mitmachen. Hier ist es schön, wenn wir lernen, unsere Eile zu zähmen und Spaziergänge mit unserem alten Hund

gemächlicher zu gestalten. Was spricht dagegen, auf hübschen Bänken unterwegs eine Pause einzulegen und über das eigene Leben nachzudenken? Wir reduzieren unser Lauftempo, atmen gleichmäßiger und bleiben bisweilen stehen. So kommen wir selbst zur Ruhe, die uns unser alter Hund mit seiner Langsamkeit schenkt.

## Schau mir in die Augen: Alterswürde

Der Blick in die alten Augen eines Hundes rührt mich oft zu Tränen. Oft ist es nicht der flüchtige Blick eines jungen Hundes, der nur kurz schaut, ob Herrchen oder Frauchen noch da sind. Alte Hunde schauen länger und tiefer, und manchmal spiegeln wir uns in den trüben Augen unseres alten Freundes. Auch die Gewissheit, dass das gemeinsame Leben nicht mehr ewig dauern wird, wird beim Blick in die alten Augen eines Hundes genauso deutlich, wie die sprichwörtliche Treue, die im Laufe der Jahre entstanden ist. Ich finde, alte Hunde haben eine ganz besondere Alterswürde, die sich auch in den Augen wiederspiegelt. Auch wenn ein Hund ein Hund bleibt, hat dieser Blick für mich etwas sehr Weises und Wissendes. Es beeindruckt mich immer wieder, und ich glaube, dass unsere Hunde tatsächlich viel mehr wissen, als wir denken.

## Treuer Begleiter: der alte Hund im Lebensalltag

Weil unser alter Hund so unkompliziert geworden ist und unsere Gesellschaft ganz besonders schätzt, können und sollten wir den älteren Hund noch mehr in unseren eigenen Alltag einbeziehen. Wenn er selbst zeigt, dass er gerne mit möchte, sollten wir überlegen, ob es eine Möglichkeit gibt, dass der Hund uns begleitet. Ich kenne eine Ergotherapeutin, die ihren alten Labrador zu allen Hausbesuchen mitnimmt. Auch wenn dieser Hund kein ausgebildeter

Graue Schnauzen 25

## Eine besondere Zeit: das Alter des Hundes

Therapiehund ist, erfreut er die Patienten mit seiner stillen Anwesenheit und genießt es sichtlich, dabei zu sein. Die Aufmerksamkeit, die der Hund bekommt, wenn er uns bei so simplen Dingen wie einem Friseurbesuch oder dem Hundefuttereinkauf begleitet, tut seiner Seele gut und gibt ihm das Gefühl, zum Leben seines Menschen wirklich dazuzugehören. Verstecken Sie Ihren alten Hund nicht. Im Gegenteil, machen Sie ihn im Herbst und Winter seines Lebens besonders wichtig. Pflegen Sie ihn ganz besonders gut, ehren Sie ihn mit einem besonders schicken Halsband, besuchen Sie nur mit ihm seine Lieblingsplätze, und ziehen Sie ihn ruhig mal vor, wenn Sie mehrere Hunde haben. Natürlich soll der alte Hund weder verhätschelt noch vermenschlicht werden. Trotzdem sollten Sie ihm zeigen, wie sehr Sie ihn lieben. Ihr Vierbeiner wird Ihnen auf seine Weise diese Liebe zurückgeben. Durch ein intensives Zusammenleben entstehen viele schöne Erinnerungen, die Sie bestimmt begleiten werden, auch wenn Ihr treuer Begleiter nicht mehr bei Ihnen ist.

# Gesund und fit in den besten Jahren

Alte Hunde müssen weder unangenehm riechen noch ein struppiges Fell haben. Ihre Augen können strahlen wie die eines jungen Hundes, und auch ihre Krallen sollten eine gepflegte Länge haben. Was aber bei vielen jungen Hunden noch selbstverständlich ist, bedarf bei älteren Hunden häufig einer intensiveren Zuwendung. Neben der richtigen Pflege spielt die Ernährung eine wichtige Rolle, der deshalb ein Extrakapitel gewidmet wird.

Es gibt viele Möglichkeiten, alte Hunde körperlich und geistig fit zu halten, ohne sie zu überfordern. Dieser neue Umgang

*Es sind zwar nicht alle alten Hunde so fit wie diese Parson-Jack-Russell-Hündin, die gleich zwei sportliche Leistungen miteinander kombinieren kann, trotzdem tut auch alten Hunden Bewegung und mentale Herausforderung noch sehr gut.*
*(Foto: JBTierfoto)*

mit Hunden macht Spaß und führt zu mehr Lebensqualität für Hund und Herrchen. Zusätzliche Annehmlichkeiten im Alltag des Hundeseniors erleichtern die Schwierigkeiten, die das Alter mit sich bringen kann, und auch das Thema Wellness für alte Hunde sollte nicht zu kurz kommen, damit sich auch betagtere Hunde pudelwohl fühlen können.

## Die Pflege des alten Hundes

Einen alten Hund richtig zu pflegen ist nicht schwieriger als bei einem jungen Hund. Im Gegenteil: Das ältere Tier weiß meistens, was geschieht, hat Vertrauen zu seinem Menschen und hält besonders still, weil es die besondere Zuwendung genießt. Die Anschaffung bestimmter Utensilien ist schon sinnvoll, wenn man die Zahn- und Krallenpflege nicht beim Tierarzt oder beim Hundefriseur durchführen lässt. Einmal im Hause, wird man diese aber auch für die jungen Hunde und womöglich für den Dackel des Nachbarn nutzen können. Nehmen Sie sich Zeit für die Pflege Ihres alten Hundes und machen Sie ihn in diesem Moment zum wichtigsten Familienmitglied des Hauses. Gönnen Sie ihm auch einfach mal etwas, was zwar nicht lebenswichtig, aber schön ist: ein besonderes Hundeshampoo vielleicht, ein wenig Fellglanzspray oder eine Massage mit etwas Olivenöl. Anschließend ziehen Sie ihm sein Sonntagshalsband an und bestätigen ihm, wie schick er aussieht. Ich verspreche Ihnen, er wird sich freuen! Der anschließende Spaziergang bringt Spaß und Entspannung für Hund und Herrchen, Seelenpflege sozusagen.

### Fellpflege

Ernährung ist Fellpflege von innen und steht daher an erster Stelle. Trotzdem brauchen Hunde je nach Haarlänge zusätzlich eine besondere Fellpflege, wenn sie älter werden. Das Fell wird oft trockener und spröder und verfilzt bei manchen Hunden schneller als in jungen Jahren. Bei Rassen, die getrimmt werden müssen, sollte man an einem erfahrenen Hundefriseur nicht sparen. Dieser kann die Beschaffenheit des Fells auch beim alten Hund gut einschätzen und weiß richtig damit umzugehen. Wenn Sie bisher Ihren Hund selbst „gezupft" haben, können Sie dies natürlich weiterhin tun. Achten Sie aber bitte darauf, wie sich die Unterwolle entwickelt. Bei manchen Hunden nimmt das Wachstum des Haares im Alter ab und das Zupfen tut ihnen plötzlich weh. Lassen Sie eine Hauterkrankung beim Tierarzt ausschließen und besprechen Sie mit dem Hundefriseur eine andere Pflegemöglichkeit. Fachgerechtes Scheren kann in diesem Fall eine Lösung sein, die auch bei Hunden mit längerem Fell helfen kann, wenn die Haare zu schnell verfilzen. Hunde mit längerem Fell (zum Beispiel Langhaarcollies) müssen mindestens jeden zweiten Tag gründlich gebürstet werden. Schauen Sie an Stellen mit viel Haar oft genug nach, ob sich keine Filznester bilden, die unter Umständen Parasiten ein wunderbares Arbeitsfeld bieten könnten. Wenn solche stark verfilzten Stellen entstehen, können Sie versuchen, diese ganz vorsichtig herauszuschneiden. Verletzen Sie aber auf keinen Fall die an diesen Stellen oft sehr dünne Haut, sondern suchen Sie sich lieber fachkundige Hilfe.

Kurzhaarige Hunde brauchen auch im Alter nicht viel Fellpflege. Ein regelmäßiges warmes Bad mit einer natürlichen Hundeseife, die gleichzeitig gegen Flöhe und Zecken wirkt, tut aber auch ihnen gut. Rubbeln Sie Ihren Hund anschließend gut trocken, und bleiben Sie so lange mit ihm im Haus, bis sein Fell durch und durch getrocknet ist. Manche Hunde mögen es,

## Gesund und fit in den besten Jahren

wenn man sie in ein großes Badehandtuch einwickelt, und bleiben sogar anschließend darin oder darunter liegen. Spezielle Hundehandtücher, die besonders viel Flüssigkeit aufsaugen, tun es aber auch.

### Zahnpflege

Wenn Sie bisher Ihrem Hund nicht die Zähne geputzt haben, sollten Sie spätestens jetzt damit anfangen. Am besten nach einer gründlichen Zahnreinigung beim Tierarzt, um zu vermeiden, dass sich anschließend wieder Plaque und damit Zahnstein bildet, der die Substanz der Zähne angreift.

Überfallen Sie Ihren Hund nicht mit der Zahnbürste, und beugen Sie sich auch nicht über ihn, wenn es sich vermeiden lässt. Sie können damit anfangen, dass Sie einen Mull-Fingerling aus der Apotheke über Ihren Finger streifen und dann etwas Wasser und etwas Zahnpasta daraufgeben. Reiben Sie vorsichtig über die Zähne und schauen Sie, wie Ihr Hund sich verhält. Wenn es leicht geht, können Sie auch eine Hundezahnbürste verwenden, die durch die doppelte Anordnung der Borsten die Zähne innen und außen reinigt. Wehrt sich Ihr Hund aber, macht es Sinn, die regelmäßige Zahnpflege Ihrem Tierarzt zu überlassen, der sowieso halbjährlich die Zähne Ihres Lieblings kontrollieren sollte.

Aus Schweden kommt ein stark nach Algen riechendes Pulver namens Plaque Off® (Bezugsadresse im Anhang), das über das Futter gegeben wird und der Zahnsteinbildung und damit unangenehmem Maulgeruch vorbeugt.

### Zähneputzen ist angesagt!

Sie lesen richtig! Nicht nur Frauchen und Herrchen sollten sich regelmäßig die Zähne putzen, auch der vierbeinige Hausgenosse kommt an der Zahnpflege nicht vorbei. Dreimal täglich wäre übertrieben, dreimal wöchentlich, vor allem beim älteren Hund, angebracht. Bitte verwenden Sie auf keinen Fall eine Zahnpasta, die eigentlich für Menschen gedacht ist. Der entstehende Schaum kann zu Magenproblemen bei Ihrem Hund führen. Es gibt spezielle Hundezahnpasten, die offensichtlich einen für die Hunde angenehmen Geschmack haben. Die Zahnpasta kann mit einer speziellen Hundezahnbürste (im Fachhandel erhältlich) oder einer Fingerzahnbürste angewendet werden. Hierbei sind vor allem die Außenflächen der Zähne wichtig, da die Zunge des Hundes die Innenflächen weitgehend reinigt. Der Hund braucht deshalb sein Maul beim Zähneputzen nicht weit zu öffnen, man braucht nur die Lefzen ein wenig anzuheben. Eine „Vorbehandlung" mit einem Mundspray für Hunde hilft, hartnäckige Zahnbeläge anzulösen. Außerdem gibt es Kauknochen, die die Funktion der Zahnbürste teilweise übernehmen. Sie enthalten meist Chlorophyll, das Maulgeruch zusätzlich entgegenwirkt. Bieten Sie Ihrem Hund diese Knochen als Ergänzung zum regelmäßigen Zähneputzen an.

## Gesund und fit in den besten Jahren

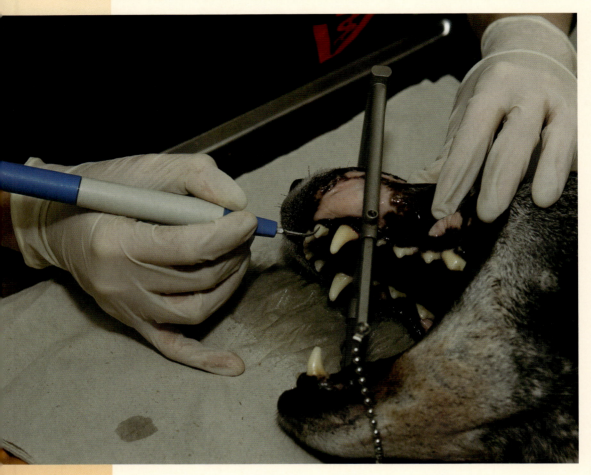

*Es sieht zwar etwas gewöhnungsbedürftig aus, der Hund merkt von der professionellen Zahnreinigung aber nichts. Ein Schlafmittel, das der Tierarzt verabreicht hat, lässt den Hund für eine überschaubare Zeit träumen. (Foto: JBTierfoto)*

Kauknochen sind ebenfalls eine gute ergänzende Zahnpflege für den Hund. Beachten Sie, dass Ihr alter Hund vielleicht nicht mehr so große und harte Knochen kauen kann und will wie früher. Ein Kauschuh aus dünnerer Rinderhaut oder spezielle Kaumaterialien zur Zahnpflege sind auch für die meisten alten Hunde noch attraktiv, und auch sie ziehen sich gern mit so einem Kauutensil zufrieden ins Körbchen zurück.

### Ohrenpflege

Hunde jeden Alters können Ohrenprobleme bekommen, deshalb ist eine regelmäßige Reinigung und Kontrolle der Ohren nicht nur beim älteren Hund wichtig. Es kann aber sein, dass eine nicht erkannte und deshalb nicht behandelte Erkrankung der Ohren zu einer dauerhaften Schädigung geführt hat, die möglicherweise erst im Alter des Hundes auffällt. Reinigen Sie die Ohren Ihres Hundes regelmäßig mit dafür vorgesehenen Reinigungstüchern (nicht mit Wattestäbchen), oder überlassen Sie dies dem Tierarzt oder der Hundefriseurin. Alarmzeichen für Ohrprobleme ist übler Geruch, häufiges Kratzen am Ohr, Abwehr bei Berührung, Sekretabsonderung aus dem Ohr und Gleichgewichtsstörungen des Hundes.

## Gesund und fit in den besten Jahren

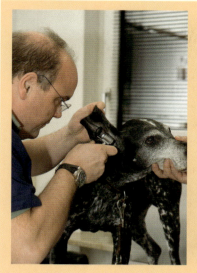
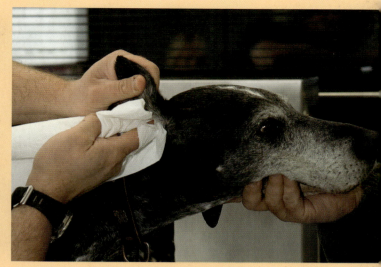

Eine gründliche Untersuchung und Reinigung der Ohren des Seniors sollte selbstverständlicher Bestandteil des regelmäßigen Check-ups beim Tierarzt sein. (Foto: JBTierfoto)

### Krallen- und Pfotenpflege

Je nach Beschaffenheit der Pfoten des Hundes nutzen sich die Krallen ab, ohne dass man sie regelmäßig schneiden muss. Da der ältere Hund aber unter Umständen weniger lange Spaziergänge mitmacht und sich insgesamt etwas weniger bewegt, ist es möglich, dass seine Krallen häufiger geschnitten werden müssen, vor allem dann, wenn sie beim Laufen den Boden nur

Beim Krallenschneiden muss man darauf achten, dass man nicht zu tief schneidet. Lassen Sie diese wichtige Pflege lieber von einem Fachmann ausführen.
(Foto: JBTierfoto)

## Gesund und fit in den besten Jahren

wenig berühren. Bei hellen Krallen kann man den durchbluteten Teil gut erkennen und mit einer speziellen Krallenzange die durchsichtige Spitze abschneiden. Das Kürzen dunkler Krallen sollte der Tierarzt oder Hundefriseur vornehmen. Passiert es doch einmal, dass man zu tief schneidet, braucht man nicht in Panik zu geraten. Stillen Sie die Blutung mit Alaun oder drücken Sie ein Taschentuch auf die blutende Kralle, bis die Blutung von selbst aufhört.

Vor allem im Winter haben ältere Hunde manchmal trockene und rissige Pfoten. Dafür gibt es im Fachhandel geeignete Fettsalben, mit denen man die Ballen vor dem Spaziergang im Schnee, aber auch vorbeugend einreiben kann.

## Fitnesstraining: So bleiben Hundesenioren mobil

Ihrem Senior wird es guttun, wenn Sie ihm die Bewegung gönnen, die er braucht. Schön ist es für beide, wenn dies nicht immer die gleiche Runde um den Block ist. Abwechslungsreiche Spaziergänge mit kleinen sportlichen Einlagen erfreuen auch den alten Hund. Wenn er dazu noch etwas erleben kann, dem ein oder anderen Hundekollegen begegnet oder sogar im Rahmen seiner Möglichkeiten noch im Hundesport aktiv sein kann, wird er vermutlich auch mental noch lange fit bleiben. Hier gilt: Unterforderung, aber auch Überforderung vermeiden.

### Wer rastet, der rostet

Niemand kennt Ihren Hund so gut wie Sie, es sei denn, Sie haben Ihren Hund erst im Seniorenalter übernommen. Gehörte Ihr Hund schon immer zu denen, die nach einem langen Spaziergang sofort mit einem Ball vor Ihnen stehen und weiter aktiv sein wollen? Oder war er auch in jungen Jahren

ein eher ruhiger Vertreter, der auch nach der kleinen Runde gleich sein Körbchen aufgesucht hat? Versuchen Sie herauszufinden, was Ihr Hund jetzt noch will und kann. Beobachten Sie ihn auch hier genau. Läuft er freudig mit Ihnen mit, oder zockelt er schon nach kurzer Zeit hinterher? Hat er vielleicht Schmerzen oder ist es nur die Eintönigkeit des immer gleichen Weges?

Regelmäßige Bewegung hält Ihren Hund fit, trotzdem sollte er niemals zu etwas gezwungen werden, was er nicht (mehr) will oder nicht (mehr) kann. Passen Sie die Spaziergänge und Bewegungsangebote den Möglichkeiten Ihres Hundes an. Machen Sie lieber drei kurze Spaziergänge als einen ganz langen. Bauen Sie auf diesen Spaziergängen für den Senior Bewegungsspiele ein, die ihn auch mental fordern. Auch ältere Hunde können oft noch über einen Baumstamm springen, auf einem Mäuerchen laufen oder auf einen kleinen Hügel kraxeln. Mit Leckerchen ausgelegte Fährten, Slalom im Wald oder versteckte Dummys machen nicht nur Spaziergänge mit alten Hunden zu einem besonderen Vergnügen. Wenn Ihr Hund immer gern am Fahrrad gelaufen ist, kann er dies auch im Alter noch tun, wenn es ihm keine Schwierigkeiten bereitet. Auch hier gilt: Wenn der Hund munter mitläuft, macht es ihm offensichtlich noch Spaß, lässt er sich aber hinterherziehen oder beginnt er gar zu humpeln, sollten Sie Ihr Fahrrad sofort wieder in die Garage bringen. Weil ältere Hunde nicht mehr so lange Strecken laufen können, kann ein spezieller Fahrradanhänger für Hunde Abhilfe schaffen. Achten Sie darauf, dass er darin komfortabel sitzt und keiner Zugluft ausgesetzt ist.

### Unternehmungen mit alten Hunden

Die meisten Hunde genießen es auch im Alter, etwas zu erleben und Herrchen und Frauchen im Alltag zu begleiten. Nicht nur die Fahrradtour ist eine willkommene Abwechslung für den älteren Hund. Wenn

**Gesund und fit in den besten Jahren**

Gemeinsame Fahrradtouren machen Spaß.

Wenn der alte Hund müde wird, macht er es sich im Fahrradanhänger bequem. (Fotos: JBTierfoto)

Sie Ihren Hund früher häufig mitgenommen haben, spricht nichts dafür, den alten Hund nun zu Hause zu lassen. Da alte Hunde häufig ruhiger sind, ist es manchmal sogar einfacher, den Hund mit zur Arbeit, auf den Golfplatz oder ins Restaurant zu nehmen. Da sich der ältere Hund nicht mehr so gern auf harte und kalte Böden legt, empfiehlt es sich, eine Decke mitzunehmen, die sich zusammenrollen und in die Tasche stecken lässt.

Wenn Sie Ihren alten Hund mit in die Stadt nehmen, bedenken Sie bitte, dass die vielen Eindrücke für den alten Herrn oder die alte Dame auch einmal zu viel sein könnten. Dies gilt auch für Veranstaltungen, zu denen Sie Ihren Hund früher vielleicht mitgenommen hätten. Hat er Sie früher auf den Markt, zur Hundeausstellung oder zum Schützenfest begleitet, kann es sein, dass es ihm nun schwerfällt, die vielen Eindrücke und Geräusche zu verarbeiten.

Graue Schnauzen  33

## Gesund und fit in den besten Jahren

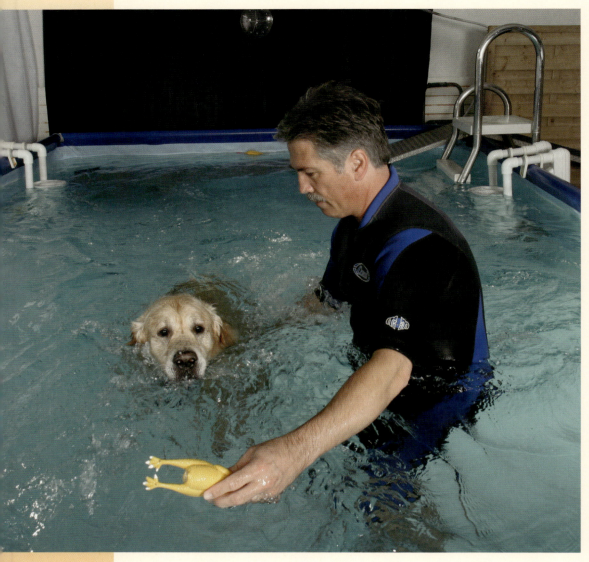

*Auch Aquatraining unterstützt bei der Rehabilitation nach Erkrankungen und hilft, wieder Kondition aufzubauen. (Foto: animals-digital/Brodmann/Kynofit)*

Wenn Sie etwas mit Ihrem Hund unternehmen, dann achten Sie bitte auf jeden Fall darauf, dass er sich zwischendurch immer wieder hinlegen und ausruhen kann.

### Kondition

Auch ein alter Hund kann nach einer ruhigeren Zeit, die vielleicht zwangsweise durch Krankheit oder Rekonvaleszenz erforderlich war, wieder Kondition aufbauen – wie bei uns Menschen natürlich nicht von heute auf morgen. Niemandem tut es gut, die ganze Woche zu ruhen und am Wochenende einen Gewaltmarsch von drei Stunden zu machen. Auch hier gilt: langsam aufbauen und Kondition erhalten. Erhöhen Sie den täglichen Spaziergang oder die Fahrradtour jeden zweiten Tag um einen kleinen Schlenker mehr oder bauen

# Gesund und fit in den besten Jahren

Sie unterwegs aktive Spiele mit Ihrem Hund ein, die Sie vom Anforderungsgrad her erweitern können. Beobachten Sie auch hierbei Ihren Hund genau, um Überforderung zu vermeiden. Alles, was er freudig mitmacht, macht ihm vermutlich Spaß; wenn Sie merken, dass seine Energie nachlässt, reduzieren Sie das Pensum lieber wieder ein wenig.

Auch Schwimmen bringt Kondition. Für Hunde, die gezielt Kondition aufbauen sollten, an einer Erkrankung des Bewegungsapparates leiden (hier dient das Schwimmen als Rehabilitationsmaßnahme nach einer Behandlung oder Operation) oder neurologische Störungen haben, bieten speziell ausgebildete Hundephysiotherapeuten kontrolliertes Aquatraining an.

### Hundesport mit alten Hunden?

Hunde, die zusammen mit ihren Besitzern in jungen Jahren Spaß an Hundesport hatten, sollten nicht ausgemustert werden, weil man mit ihnen vielleicht nicht mehr gewinnen kann. Trotzdem gibt es Altersbeschränkungen, die helfen sollen, ältere Hunde nicht zu überfordern. Die Altersgrenze liegt meist bei neun, maximal zehn Jahren, Jagdhunde gelten je nach Arbeitsleistung und Haltungsform mit acht bis neun Jahren als Senioren. Wenn Sie Ihren älteren Hund aber ab einem Alter von acht Jahren jährlich einem Gesundheitscheck beim Tierarzt unterziehen lassen, können Sie Ihren Hund, sofern er gesund ist, immer noch im Rahmen seiner Möglichkeiten bei den Trainingseinheiten mitmachen lassen, auch wenn er aufgrund seines Alters vielleicht nicht mehr an Wettbewerben teilnehmen darf.

Lassen Sie beim Tierarzt unbedingt auch eine Blutuntersuchung durchführen. Möglicherweise vorliegende Krankheitsanzeichen sind im Blut eher feststellbar, als Beschwerden auftreten. Sie können dann schneller adäquat behandeln und Ihren Seniorsportler wieder fit kriegen.

## Mentales Training für Hundesenioren

Alte Hunde geistig fit zu halten macht Riesenspaß! Es ist so schön zu sehen, wie die alten Damen und Herren aufleben, wenn man ihnen hin und wieder knifflige Aufgaben stellt oder ihnen etwas Neues beibringt. Und wenn man meint, ein alter Hund könne nichts mehr lernen: weit gefehlt! So mancher Hundesenior hat noch großen Spaß daran, Tricks zu lernen oder im Wald einen Dummy zu suchen. Die Tricks sollten natürlich für den Senior gut durchführbar sein. Da bieten sich die Tricks an, bei denen Köpfchen gefragt ist, die Beweglichkeit aber keine so große Rolle mehr spielt. Hunde, die gelernt haben, etwas auf Kommando ins Maul zu nehmen und zu tragen, können zum Beispiel auf dem Weg vom Bäcker nach Hause Brötchentüte oder Zeitung tragen. Sie glauben gar nicht, wie stolz gerade ein älterer Hund ist, wenn er eine solche Aufgabe bekommt. Er wird sie gewissenhaft ausführen!

### Spaß- und Spielideen

 Aufräumen

Vielleicht haben Sie ja einen Junior im Haus, der alles herumliegen lässt? Bringen Sie dem Senior bei, den Kram aufzuräumen. Dazu muss der Junior solange in ein anderes Zimmer oder auf einen Spaziergang geschickt werden, damit er die Pläne nicht durchkreuzt. Bringen Sie Ihrem älteren Hund das Aufnehmen des Spielzeugs bei, falls er es nicht sowieso schon kann. Stellen Sie einen kleinen Wäschekorb oder einen Karton mitten ins Zimmer. Geben Sie dem Hund zu Beginn mit dem Kommando „Fest" oder „Nimm" ein Spielzeug ins Maul. Sobald er sich der Kiste nähert, belohnen Sie dies mit Clicker oder Leckerchen. Schieben Sie die Kiste so, dass er automatisch das Spielzeug hineinfallen lässt, um sein Leckerchen entgegenzunehmen.

## Gesund und fit in den besten Jahren

*Auch ganz schön praktisch: Der alte Hund hat eine Beschäftigung, und Sie brauchen Ihre Brötchen nicht selbst zu tragen! (Foto: JBTierfoto)*

36 Graue Schnauzen

## Gesund und fit in den besten Jahren

Kurz bevor er es fallen lässt, sagen Sie: „In den Korb", oder: „Räum auf!" Hunde, die das Apportieren kennen, lernen dieses Spiel recht schnell. Ein Hund, der nie gerne etwas im Maul getragen hat, hat vielleicht mehr Spaß am nächsten Spiel.

 Tretmülleimer öffnen

Es ist natürlich die Frage, ob Sie das wollen: Ein Hund, der den Tretmülleimer öffnet, kann sich auch daraus bedienen, wenn Sie nicht da sind. Aber vielleicht überraschen Sie Ihren Senior auch einfach mit seinem eigenen Tretmülleimer. Er kann dann lernen, auf das Kommando „Touch" hin auf das Pedal des Tretmülleimers zu treten. Dies lernt er durch schrittweise Bestätigung und Belohnung. Die einzelnen Elemente Berühren des Pedals, Treten auf das Pedal und damit Öffnen des Deckels, Loslassen des Pedals und damit schließen des Deckels können zum Beispiel mithilfe eines Clickers oder eines Leckerchens erfolgen. Wenn Ihr Hund das Aufräumen beherrscht, kann man beide Spiele wunderbar miteinander kombinieren.

> Weitere Tricks dieser Art finden Sie im Buch von Manuela Zaitz, Trickschule für Hunde, erschienen im Cadmos Verlag.
> ISBN 978-3-86127-794-1

 Fährten

Auch alte Hunde können Fährten suchen, die Sie zum Beispiel mit Leckerchen in der Wohnung, im Garten, auf der Wiese oder im Wald für sie ausgelegt haben. Legen Sie dabei weniger Wert auf Perfektion als auf den Spaß, den Sie dabei gemeinsam haben. Wenn die Nase Ihres Hundes nicht mehr so gut ist, legen Sie eine Fährte, die stark riecht, zum Beispiel aus Pansenstückchen oder Fischleckerchen. Wenn er seine Augen nicht mehr ausreichend einsetzen kann, nehmen Sie deutlich sichtbare Leckerchen, damit er auf jeden Fall eine Chance hat, sie trotzdem zu finden. Bei Hunden, die das Fährtensuchen kennen, können Sie auch eine Schleppe ziehen (also etwas lecker Riechendes über den Boden schleifen) und den Hund anschließend suchen lassen. Besonders viel Spaß macht die Suche nach kleinen Duftröhrchen, die mit etwas gefüllt sind, was stark riecht. Man kann sie selbst basteln, inzwischen aber eine haltbare und erprobte Version der sogenannten Sniffers auch im Fachhandel bestellen (siehe Internetadresse im Anhang). Sie haben den Vorteil, dass der Hund sie leicht sehen und riechen kann, optimal für alte Hunde.

 Suchdosen

Nehmen Sie mehrere Dosen aus Pappe, Kunststoff oder Blech (Vorsicht, es darf kein scharfer Rand dran sein), und verstecken Sie unter den Dosen Leckerchen oder etwas anderes, was Ihr Hund liebt. Zeigen Sie Ihrem Hund zu Beginn, dass Sie etwas unter den Dosen verstecken. Auch hier gilt wieder das Belohnen der einzelnen Schritte: Zuerst wird der Hund schon bestätigt und belohnt, wenn er sich der Dose nähert. Nach einigen Wiederholungen erst dann, wenn er eine Dose mit der Nase berührt. Im letzten Schritt erhält er die Belohnung automatisch, wenn er nämlich die Dose mit der Nase anstupst, sodass sie umfällt. Helfen Sie zu Beginn ruhig etwas nach, damit Ihr Senior ein Erfolgserlebnis hat und nicht die Lust verliert.

Bei aller Belohnung: Vergessen Sie nicht, die Leckerchen von der Tagesfutterration abzuziehen, damit Ihr Hund kein unnötiges Fett ansetzt.

 Zudecken

Da es ältere Hunde sowieso eher warm lieben als junge Hunde, die ständig in Bewegung sind, macht es Sinn, dem Senior beizubringen, sich selbst zuzudecken. Man

Graue Schnauzen

## Gesund und fit in den besten Jahren

*Ältere Hunde lieben es warm und können sogar lernen, sich selbst zuzudecken. (Foto: animals-digital/Brodmann)*

kann am besten so anfangen, dass sich der Hund hinlegt und man ihm die Decke über den Rücken legt. Auf das Kommando „Fest" oder „Nimm" oder ein anderes Kommando, das der Hund fürs Festhalten kennt, gibt man ihm den Zipfel der Decke ins Maul, sodass er sich auf diese Weise automatisch weiter zudeckt. Sobald der Hund das erwünschte Verhalten zeigt, wird er mit einem Clicker oder einem Leckerchen belohnt, und es wird ein passendes Kommando, zum Beispiel „Schlaf gut", eingeführt. Je besser es klappt, desto später (also wenn der Hund schon richtig zugedeckt ist) wird der Hund belohnt. Er kann so schrittweise lernen, was von ihm erwartet wird.

## Unterstützung für alte Knochen

Auch wenn Ihr Hund sich früher überall hingelegt hat oder mit Anlauf ins Auto sprang: Verpassen Sie nicht den Zeitpunkt, zu dem beides nicht mehr so gut geht. Womöglich legt sich der Hund nur noch selten, wenn kein weicher Liegeplatz in Sicht oder erlaubt ist, oder er erhebt sich mühsam, wenn er auf kaltem Boden gelegen hat. Muten Sie dies dem Senior gar nicht mehr zu. Alte Hunde haben es verdient, dass man sie noch mehr umsorgt, als man das vielleicht früher getan hat. Dazu gehört der weiche Liegeplatz genauso wie

## Gesund und fit in den besten Jahren

eine Einsteighilfe ins Auto (oder der starke Arm des Herrchens oder Frauchens) und bei kurzhaarigen Hunden eine wärmende Decke oder sogar ein Mantel oder Regenschutz.

### Steighilfen und Treppengitter

Je nachdem, welche Hürden Ihr älterer Hund im Alltag überwinden muss, gestalten sich die Hilfen, die Sie ihm bieten können. Bleibt er plötzlich vor dem Auto stehen und springt nicht mehr wie ein Gummiball hinein? Einen kleinen Hund können Sie vorsichtig ins Auto heben, in dem selbstverständlich schon eine weiche Decke oder eine gut gepolsterte Transportbox auf ihn wartet. Größere Hunde kann man mit speziell dafür konstruierten Einsteighilfen unterstützen. Entweder als kleine ausziehbare Rampe im Auto montiert oder als zusätzlich angelegte Brücke kann der Hund so leicht den Höhenunterschied überwinden. Das schont Gelenke, Sehnen, Bänder und alte Knochen und beugt Verletzungen vor.

Lassen Sie Ihren Hund auch nicht unnötig Treppen steigen. Ist er so klein, dass Sie ihn leicht hochtragen können, vergessen Sie nicht, dass er auch wieder hinunter muss. Wenn er schlecht sieht und nicht mehr gut zu Fuß ist, ist es sinnvoll, oben und unten ein Treppengitter anzubringen. Er kann dann nur noch mit unserer Hilfe die Treppe erklimmen, und die Gefahr, dass er hinunterstürzt, ist gebannt. Lassen Sie ihn nur nicht oben oder unten zu lange warten.

Große Hunde haben vielleicht schon früher unten gewohnt, und es stört sie nicht, wenn der Rest des Rudels abends nach oben entschwindet. Ist Ihr großer Hund aber immer mit nach oben gegangen, dann lassen Sie ihn jetzt nicht plötzlich unten allein. Entweder tragen Sie ihn abends mit vereinten Kräften nach oben und morgens wieder hinunter, verlegen Ihr Schlafzimmer in den unteren Bereich des Hauses oder entscheiden sich, ihm einen Hundekumpel zur Seite zu stellen, mit dem er gemeinsam den unteren Bereich des Hauses bewacht.

### Weiche Liegeplätze

Viele Hunde liegen in jungen Jahren gerne auf den kühlen Fliesen in der Küche oder schlafen auch mal mitten auf den Betonplatten der Terrasse. Je älter sie werden, desto beschwerlicher wird es, vor allem, wenn sie länger an einer Stelle gelegen haben. Kälte, Feuchtigkeit, aber auch harte Böden machen ihnen mehr aus als früher, und sie vermeiden es sogar, sich hinzulegen, wenn sie keinen angenehmen Liegeplatz zur Verfügung haben. Oft entsteht dann aber das Dilemma, dass sie einerseits gern überall dabeibleiben möchten, andererseits aber nicht überall eine weiche Decke zur Verfügung haben. Da können wir Abhilfe schaffen. Es gibt wunderbare, waschbare Liegematten mit rutschfester Unterseite, die aus der Humanmedizin stammen und eigentlich dafür gemacht sind, dass ältere Menschen weich und druckfrei liegen; also hervorragend für unseren alten Hund geeignet. Diese Matten kann man in großen Größen bestellen und in Stücke zerschneiden, die der Größe des Hundes gut angepasst sind. Diese Stücke kann man nun, zusätzlich zu dem weiterhin bestehenden angestammten Liegeplatz des Hundes, an allen Stellen platzieren, an denen sich der Hund gerne aufhält. Zum Mitnehmen gibt's sogar Fleecedecken, die man aufrollen und umhängen kann. Eine zusammengefaltete Liegematte im Rucksack tut es aber auch.

### Warme Decken, weiche Mäntel

Hunde mit Mänteln rufen häufig ein mitleidiges Lächeln hervor. Manchmal zu Recht: Wenn Hunde mit normaler Fellbeschaffenheit bei durchschnittlichen Wetterverhältnissen in Lackmäntelchen gehüllt

Graue Schnauzen

## Gesund und fit in den besten Jahren

werden, entspricht das nicht den Bedürfnissen der Tiere. Regnet es aber stark oder sinken die Temperaturen auf den Gefrierpunkt oder darunter, ist ein Hundemantel für viele ältere Hunde kein überflüssiger Luxus mehr. Dünnhäutige Hunde, wie Windhunde und manche kurzhaarigen Hunde, frieren leichter und können eine zweite Haut gut gebrauchen, wenn sie sich aus Altersgründen nicht mehr so viel bewegen. Manchen alten Hunden mit Arthrose oder ähnlichen Erkrankungen hilft ein wärmender Mantel oder sogar Pullover auch am Tag im Haus, wenn es etwas kühler ist.

Die Muskulatur bleibt dadurch warm, und sie können sich besser bewegen. Wichtig ist, dass die wärmende Hülle gut sitzt, nirgendwo kneift und dem Hund ermöglicht, trotzdem seine Geschäfte zu erledigen.

Das Körbchen kälteempfindlicher Hunde sollte möglichst in der Nähe einer für den Hund angenehmen Wärmequelle stehen. Ist dies nicht möglich, kann man den Hund mit einer wärmenden Decke zudecken. Viele Hunde können selbst gut unter die Decke kriechen und sich so einkuscheln, dass man sie kaum noch sieht.

*Mischling Resi hatte Arthrose und trug Mantel und warme Stulpen nicht, weil es so schön aussah, sondern weil sie die Wärme vor allem im Schnee brauchte. So ist sie stolze 18 Jahre und 5 Monate alt geworden. (Foto: Kamp)*

# Gesund und fit in den besten Jahren

## Wellness für alte Hunde

Wellness ist in aller Munde, warum nicht auch für alte Hunde? Im Ernst: Bei Wellness geht es um nichts anderes als das Wohlfühlen. Und das wünschen wir nicht nur unserem alten Hund. Es gibt viele Möglichkeiten, zusammen mit unserem Hund etwas zu tun, wobei Sie sich beide so richtig rundum wohlfühlen. Je nach Rasse gibt es unterschiedliche Situationen, in denen sich Hunde besonders wohlfühlen. So liebt der Husky einen Spaziergang im Schnee, während der Yorkshireterrier durch seine geringe Größe darin versinkt, nass wird und sich vermutlich weniger wohlfühlt. Muten Sie Ihrem Hund also nichts zu, was er noch nie mochte.

## Wellnesstag für Hund und Herrchen

Verbringen Sie doch mal einen ganzen Tag nur mit Ihrem Hund! Das fördert nicht nur die Beziehung, sondern schenkt vielleicht auch Ihnen eine kleine Auszeit aus dem Alltag.

Beginnen Sie den Tag gemütlich und langsam, genießen Sie es, dass Ihr alter Hund bei Ihnen ist, und kraulen ihn ausgiebig überall dort, wo er es liebt. Beobachten Sie ihn dabei genau: Wann streckt er sich wohlig oder entspannt sich völlig?

Dann machen Sie sich auf zu einem Spaziergang an einem besonders schönen Ort. Ihr Hund liebt Strand und Meer oder tobt liebend gern im Wald umher und ist einer Autofahrt nicht abgeneigt? Gönnen auch Sie sich den Ausflug und verbinden die Fahrt mit einer entspannten Pause in einem hundefreundlichen Café oder Restaurant (Hundedecke nicht vergessen).

Genießen Sie den gemeinsamen Tag und denken Sie dabei noch einmal über alles nach, was Sie bisher mit Ihrem vierbeinigen Freund erlebt haben. Passen Sie sich dem Tempo Ihres alten Begleiters an, und vergessen Sie nicht, Ruhepausen einzuplanen, in denen der Hund schlafen kann und Sie Zeit haben, Ihre Gedanken schweifen zu lassen.

Zeigen Sie Ihrem Hund ein Stückchen Welt, das er noch nicht kennt, oder gehen Sie irgendwohin, wo er schon immer gerne war. Schauen Sie Ihrem Hund zu, spielen Sie mit ihm, oder sitzen Sie einfach gemeinsam auf einer Bank und schauen, was um Sie herum passiert.

Nehmen Sie sich Zeit, nur für Ihren Hund da zu sein, und verbringen Sie auch den Abend ohne Hektik und Stress. Massieren Sie Ihren Hund, wenn er es mag; machen Sie selbst ein Fußbad nach dem Spaziergang und kochen Sie sich einen schönen Tee, während Ihr Hund sein Lieblingsfutter zu sich nimmt.

Nach so einem intensiven gemeinsamen Tag werden Sie bestimmt beide entspannt und zufrieden schlafen.

*Australian Shepherd Jake ist auf dem Foto elf Jahre alt. Er genießt den Tag am Meer sichtlich. Seine Besitzerin erzählt: „Durch gemeinsame Ausflüge wird unsere Beziehung noch viel intensiver."*
*(Foto: Bosselmann)*

## Gesund und fit in den besten Jahren

*Golden Retriever Bosse geht nicht mehr ohne Schwimmweste ins Wasser, seit er im Schilfwasser der Elbe untergegangen ist und von der Feuerwehr geborgen werden musste, weil er in seinem Alter nicht mehr genug Kraft hatte, um ans Ufer zu kommen. (Foto: JBTierfoto)*

### Schwimmen

Für Hunde, die von Natur aus gerne schwimmen, ist eine Runde im Lieblingssee oder ein Tag am Meer etwas besonders Schönes. Schwimmen Sie gemeinsam mit Ihrem Hund und laufen Sie sich hinterher am Ufer warm. Auch schwimmfähiges Wasserspielzeug hält Ihren Hund bei Laune. Dummys, kleine Leinensäckchen, die zur Apportierarbeit eingesetzt werden, schwimmen meistens und eignen sich deshalb besonders gut.

Achten Sie bitte darauf, dass das Wasser und die allgemeine Temperatur nicht zu kalt sind und der Hund nicht zu lange nass draußen herumlaufen muss. Trocknen Sie vor allem Ihren älteren Hund nach dem Schwimmen ab, falls es nicht gerade Hochsommer ist. Schwimmen erfordert viel Energie, und man muss als Besitzer gut darauf achten, dass sich der alte Hund vor lauter Begeisterung nicht überanstrengt. Werfen Sie den Dummy deshalb nicht zu oft, und versuchen Sie auch nicht, längere tiefe Strecken mit Ihrem alten Hund schwimmend zu überbrücken; dies könnte für Herz, Kreislauf und Muskulatur schnell zu viel des Guten werden.

## Gesund und fit in den besten Jahren

Wenn Sie am Meer sind, sollten Sie immer frisches Trinkwasser für Ihren Senior dabeihaben, damit er nicht vor lauter Durst das Salzwasser trinkt. Geschieht dies doch, geraten Sie nicht in Panik. In den meisten Fällen geben die Hunde das Wasser sehr schnell wieder von sich und überstehen es unbeschadet.

### Baden

Es gibt Hunde, die es lieben, wenn man sie badet. Sie stehen einfach in der Badewanne und lassen sich in aller Ruhe einseifen, abduschen oder sogar trocken föhnen. Die meisten mögen es aber nicht.

Trotzdem ist es gerade für den alten Hund gut, ihn ab und an auch zu baden. Er putzt sich selbst vielleicht nicht mehr so ordentlich wie früher und riecht unter Umständen auch mehr „nach Hund" als früher. Spezielle Hundeshampoos oder Seifen, die gleichzeitig gegen Zecken und Flöhe schützen, reinigen Haut und Fell des Hundes gründlich, aber schonend. Ein kleiner Spritzer Babyöl ins Wasser wirkt rückfettend und schützt vor Trockenheit. Zu häufig sollte man auch alte Hunde allerdings auf keinen Fall baden, damit der Säureschutzmantel der Haut nicht zerstört wird und die schützende Fettschicht erhalten bleibt.

Zwingen Sie Ihren Hund niemals zu einem Bad, sondern gehen Sie ganz behutsam vor. Wenn Sie eine gute Beziehung haben, wird er Ihnen vertrauen, wenn Sie ihn in die Badewanne oder Dusche heben. Neigt er zur Flucht, kann ein ruhiger Helfer unterstützen. Belohnen Sie ihn ruhig mit einem Leckerchen, wenn er die Prozedur brav über sich ergehen lässt. Sorgen Sie zudem für eine angenehme Wassertemperatur und dafür, dass kein Wasser in die Ohren und kein Shampoo in Augen und Maul gelangen. Föhnen ist unnötig, zu laut und oft viel zu heiß. Rubbeln Sie den Hund gründlich ab und lassen ihn an einem warmen Ort in Ruhe trocknen. Bei langhaarigen Hunden sollten Sie das noch nasse Fell nach dem Bad vorsichtig durchbürsten.

## Gesund und fit in den besten Jahren

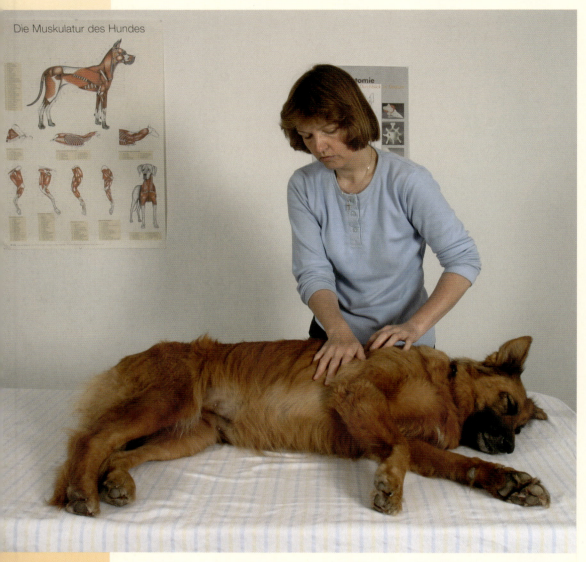

Auch für Hunde wird professionelle Massage angeboten, die vor allem nach Unfällen oder Operationen angezeigt ist. (Foto: animals-digital/Brodmann)

### Massage

Massage fördert das Wohlbefinden – eine Erfahrung, die auch wir Menschen gerne machen. Inzwischen gibt es ganze Bücher, die sich mit den verschiedenen Formen der Hundemassage beschäftigen. Finden Sie heraus, was Ihr Hund am liebsten mag! Das kann eine kräftige Massage mit einer speziellen Bürste, einem Igelball oder einem Noppenhandschuh sein. Auch der beruhigende Tellington-Touch®, der sich nicht nur positiv auf Muskulatur und Atmung auswirkt, sondern auch Ängste und Schmerzen lindern kann, hat sich besonders bei Hunden bewährt.

Gerade ältere Hunde leiden häufig unter Muskelverspannungen, die unter Umständen recht schmerzhaft sein können. Ursachen können Erkrankungen des Bewegungsapparates (dabei unbedingt vorher

## Gesund und fit in den besten Jahren

den Tierarzt fragen, ob Massage angebracht ist), aber auch Kälte oder zu starke Belastung sein.

Legen Sie für die Massage eine Decke auf den Boden, damit der Hund angenehm liegen kann, und schalten Sie alle Störfaktoren aus. Beginnen Sie mit weichen Streicheleinheiten und beobachten Sie die Reaktion des Hundes. Zwingen Sie ihn niemals dazu, liegen zu bleiben! Manche Hunde genießen eine Massage lieber im Sitzen oder Stehen und entspannen sich auch dabei sichtlich.

> In diesem Buch von Brunhilde Mühlbauer erfahren Sie, wie es geht: Hunde richtig massieren – Akupressur, Reflexzonen-Massage, TTOUCH® und mehr, erschienen im Cadmos Verlag.
> ISBN 978-3-86127-740-8

### Ruhezone

Welpen und alte Hunde brauchen besonders viel Ruhe. Damit sie die auch bekommen, müssen wir dafür sorgen, dass ein bequemes warmes Körbchen oder Hundebett an einem Ort steht, an dem nicht dauernd die ganze Familie vorbeiläuft. Ich empfehle deshalb, für den Senior mindestens zwei Körbchen einzurichten: eines an einer Stelle, an der er alles mitbekommt, wenn er dabei sein möchte; ein zweites an einer Stelle, an die er sich zurückziehen kann, wenn er den Trubel leid ist. Alte Hunde entscheiden das meistens selbst. Einer meiner Hundesenioren zog sich irgendwann so gerne zurück, dass man aufpassen musste, ihn nicht versehentlich irgendwo einzusperren. Während unten Besuch war und Kinder spielten, lag er tief schlafend unter der Bettdecke im Schlafzimmer. Selbst zur Fütterung musste man ihn dann holen gehen, weil er auf die Entfernung auch die Futterschüssel nicht mehr klappern hörte.

*Cockerspanieldame Lilly genießt ihre Ruhe in einem besonders bequemen Hundebett.*
*(Foto: Brockmann)*

*Ihm ist vor allem wichtig, dass es schmeckt. (Foto:Tierfotoagentur/ Richter)*

Essen auf Rädern oder Weiches aus der Dose:

# Wie man alte Hunde richtig füttert

Hundefütterung ist eine Wissenschaft für sich. Ganze Heerscharen von Tierärzten und anderen Spezialisten kümmern sich darum, das beste Futter für Hunde zu kreieren und immer rassespezifischeres Futter anzubieten. Die Meinungen darüber, welches Futter nun das beste ist, gehen zwar sehr auseinander, man ist sich aber weitgehend einig darüber, dass sich die Bedürfnisse des alten Hundes auch beim Futter maßgeblich von denen des jüngeren Hundes unterscheiden.

46 Graue Schnauzen

# Selbst kochen oder selbst kaufen?

Wer Zeit und Lust hat, die Seniorenkost selbst zu kochen, hat ein neues Hobby! Es macht Spaß, sich mit den Zutaten für eine ausgewogene Ernährung zu beschäftigen, sie einzukaufen und zuzubereiten; man muss aber regelmäßig Zeit dafür einplanen können. Grundsätzlich kann man davon ausgehen, dass Hundefutter in unterschiedlichster Zubereitung das enthält, was ein Hund braucht, um ausgewogen ernährt zu werden. Selbst kochen ist deshalb nur dann gut, wenn auch das selbst hergestellte Futter diese Bedingung erfüllen kann. Mangelerscheinungen, die vor allem für ältere Hunde fatal sein können, sind möglicherweise die Folge eines inkompletten Ernährungsplans.

## Trockenfutter

Trockenfutter hat viele Vorteile: Man kann es leicht füttern, es lässt sich gut mitnehmen, und es gibt spezielle Zusammensetzungen, deren Inhaltsstoffe auf die Ernährungsbedürfnisse alter Hunde abgestimmt sind. Mit einem guten Trockenfutter für Hundesenioren kann man also in erster Linie nicht viel falsch machen. Trotzdem ist es auch hier wichtig, genau zu schauen, wie das Leben des älteren Hundes aussieht: Ist er noch quietschfidel und läuft mit seinen jüngeren Hundekumpeln um die Wette, braucht er unter Umständen gehaltvolleres Futter, als wenn er den ganzen Tag auf der Couch verbringt. Für Hunde, die aufgrund von Krankheit, Bewegungsmangel oder falscher Fütterung zu dick geworden sind, hilft beim Abspecken (unbedingt mit dem Tierarzt besprechen!) neben angemessener Bewegung auch ein hochwertiges Diätfutter.

Wenn die Zähne des Hundes ausfallen oder gezogen werden müssen, wird es natürlich schwierig, Trockenfutter zu kauen und damit für die Verdauung vor-

zubereiten. Probieren Sie aus, was Ihr Hund auch mit weniger Zähnen leicht fressen kann, oder steigen Sie nach Rücksprache mit Ihrem Tierarzt auf gutes Dosenfutter um.

## Dosenfutter

Bei Hunden, die nach einer Zahnsanierung nicht mehr richtig kauen können, kann Dosenfutter eine Lösung sein. Achten Sie hier aber, genau wie bei den anderen Futterzubereitungen, auf Qualität. Billig ist nicht immer schlecht, und teuer ist nicht immer gut. Informieren Sie sich über Hundefuttertests und suchen sich ein Futter, das dabei möglichst sehr gut abgeschnitten hat. Inzwischen gibt es Premium-Dosenfutter, mit denen man Hunde ernähren kann, die andere Futterzubereitungen nicht mehr gut zu sich nehmen können.

Schauen Sie sich vor allem bei Dosenfütterung aber genau den Kot des Hundes an. Ist er nach einer Umstellungszeit von festerer Konsistenz, oder hat Ihr Hund weichen Stuhlgang oder gar Durchfall? Setzt er häufiger Kot ab als vorher, und lässt er womöglich stark riechende Winde? Wie ist die Fellbeschaffenheit nach längerer Dosenfütterung? Wenn Sie das Gefühl haben, dass sich die Gesamtkonstitution des Hundes bei reiner Dosenfütterung verschlechtert, sollten Sie bei Hunden, die nur noch weiches Futter fressen können, eventuell doch auf selbst gekochtes Futter oder Rohfütterung umsteigen.

## Rohfütterung

Die Frischfleischfütterung wird immer wieder kontrovers diskutiert, und es gibt einige Vorurteile. Mittlerweile sind aber schon viele Hundebesitzer auf die Rohfütterung umgestiegen und machen sehr gute Erfahrungen damit. Bei älteren Hunden muss man beachten, dass sie mehr hochverdauliche Proteine benötigen als jüngere

## Alte Hunde richtig füttern

Hunde. Da Proteine vor allem im Fleisch enthalten sind, muss dies mit Gemüse im ausgewogenen Anteil verfüttert werden. Wenn Ihr Senior Figurprobleme hat, ist es wichtig, dass Fleisch und Fisch leicht verdaulich sind. Geflügelfleisch eignet sich hier besonders. Da zur Rohfütterung auch die Gabe von Knochen gehört, müssen diese ersetzt werden, wenn der Hund sie nicht mehr kauen kann. Zu diesem Zweck können Eierschalen im Mörser fein gemahlen und unter das Futter gemischt werden.

> Weitere Informationen zum Thema Rohfütterung und eine umsetzbare Fütterungsanleitung finden Sie im Cadmos-Buch Rohfütterung für Hunde von Silke Böhm.
> ISBN 978-3-86127-742-2

### Weniger ist mehr

Hundesenioren, die sich weniger bewegen, brauchen auch weniger Futter. Darin sollte aber alles enthalten sein, was der Hund an Nährstoffen braucht. Deshalb sollte nicht die Quantität, sondern die Qualität des Futters im Mittelpunkt stehen. Füttern Sie Ihren Senior deshalb möglichst zweimal am Tag mit einem hochwertigen Futter, das ihn zudem satt macht. Wenn der Hund nämlich Hunger hat, weil Sie ihn womöglich aufgrund seines Leibesumfanges fasten lassen möchten, kann eine überhöhte Magensäureproduktion für ihn sehr unangenehm werden und sogar zu Verdauungsproblemen führen. Ein ausgewogenes Futter für ältere Hunde ist so konzipiert, dass der Hund von der ihm zugedachten Ration satt wird, ohne zuzunehmen. Teilen Sie die Mengenangabe für die Tagesration durch zwei und füttern Sie in zwei gleich großen Portionen. Wenn Ihr Hund sein Futter nicht auffrisst, verkleinern Sie die Ration entsprechend und bieten ihm gegebenenfalls bei der nächsten Mahlzeit etwas mehr an.

Gerade ältere Hunde reagieren in dieser Hinsicht sehr unterschiedlich. Manche nehmen über den Tag verteilt lieber mehrere kleinere Rationen zu sich, andere fressen einmal am Tag eine angemessene Menge und sind damit zufrieden.

Wenn Sie Trockenfutter füttern und keine anderen Hunde haben, können Sie den Napf Ihres Seniors auch stehen lassen. Es gibt Hunde, die nicht fressen, bis sie umfallen, sondern sich das Futter den Tag über einteilen. Die Fütterungsweise, die Ihrem Senior sichtbar guttut (Fellbeschaffenheit, glänzende Augen, angemessene Figur, Zufriedenheit), ist die richtige!

### Das ist ja ein dicker Hund!

Auch wenn es noch so gut gemeint ist: Sie tun Ihrem alten Hund keinen Gefallen, wenn Sie ihn kugelrund durch den Herbst seines Lebens schieben. Im Gegenteil: Sie schaden ihm! Nicht nur die Belastung der Knochen und Gelenke, die das Übergewicht tragen müssen, sondern auch die mögliche Schädigung der großen Organe Herz, Leber und Nieren kann fatal für Ihren alten Hund werden. Zusätzlich wird die Bewegung und die Beweglichkeit des

## Alte Hunde richtig füttern

*Dieser alte Hund ist leider viel zu dick. (Foto: Tierfotoagentur/ Schwerdtfeger)*

Hundes noch mehr eingeschränkt, als es aufgrund des Alters sowieso schon der Fall ist. Tun Sie Ihrem Hund also den Gefallen und mästen Sie ihn nicht. Sorgen Sie für eine angemessene und ausgewogene Fütterung und greifen Sie ein, wenn der Hund aus Krankheitsgründen einmal zu dick geworden sein sollte.

### Diätprogramm für Hundesenioren

Muss Ihr Senior tatsächlich abspecken, darf dies niemals radikal geschehen. Übermäßiges Fasten erhöht die Magensäureproduktion, belastet Herz, Leber und Nieren und setzt die Leistungsfähigkeit Ihres Hundes für den Zeitraum des Fastens möglicherweise noch weiter herab. Wenn ein Hund zu dick ist, ist eine Untersuchung und Beratung durch einen Tierarzt unerlässlich. Er kann nicht nur das richtige Diätfutter empfehlen, sondern auch die Gesundheit des Hundes während des Abnehmens regelmäßig kontrollieren.

Planen Sie auch keinesfalls ein übermäßiges Bewegungsprogramm, das Sie von heute auf morgen umsetzen. Erweitern Sie das Bewegungs- und Spielangebot langsam, und beobachten Sie genau, was Ihr Hund noch oder wieder kann und was ihn möglicherweise zu stark belastet.

Es lohnt sich aber, Geduld und Konsequenz für die Durchführung eines Diätprogramms mit Ihrem Senior aufzubringen. So mancher alte Hund, von dem man dachte, er könnte nicht mehr so gut laufen und springen, war nach einer durchdachten Gewichtsreduzierung wieder quietschfidel und munter, fast wie in jungen Jahren.

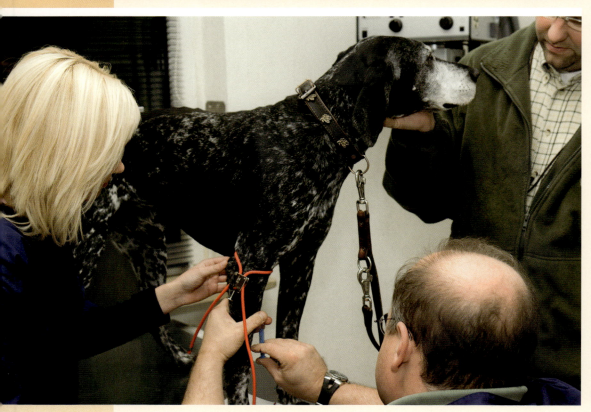

*Eine jährliche Blutuntersuchung im Rahmen des tierärztlichen Routinechecks ist zu empfehlen.*
*(Foto: JBTierfoto)*

# Leben mit Krankheiten, die das Hundealter mit sich bringen kann

Alt werden heißt nicht zwangsläufig, auch krank zu werden. So gibt es immer wieder alte Hunde, die gesund und munter bleiben und eines Tages tot umfallen. Leider sind das erfahrungsgemäß aber die wenigsten.

Deshalb ist es gut, sich darauf einzustellen, dass ein älterer Hund möglicherweise krank werden könnte. Damit man in diesem Fall rechtzeitig das Richtige tun kann, ist ein regelmäßiger Gesundheitscheck

## Leben mit Krankheiten

Ihres Hundeseniors beim Tierarzt Ihres Vertrauens kein überflüssiger Luxus. Je eher eine Alterserkrankung erkannt und behandelt wird, desto eher besteht die Chance, dass die Lebensqualität des Hundes erhalten bleibt und die Krankheit erfolgreich behandelt werden kann.

Die Behandlung von Alterserkrankungen kann in vielen Fällen in den Alltag integriert werden. Manchmal ist eine regelmäßige Medikamentengabe erforderlich, aber auch Massagen, Übungen aus der Hundephysiotherapie oder die Herstellung einer speziellen Nahrung können zu den täglichen Aufgaben gehören, die Besitzer alter Hunde auf sich nehmen müssen. Ob dies aber zur Last wird, oder der Mensch-Hund Beziehung eine ganz neue Dimension gibt, entscheiden Sie selbst. Dafür zu sorgen, dass es dem alten Hund so gut wie möglich geht, kann nämlich auch ganz viel Freude bereiten.

Für alle, für die das Alter des Hundes zum gemeinsamen Leben gehört, ist es selbstverständlich, auch dann liebevoll für den vierbeinigen Hausgenossen zu sorgen, wenn die Zeit durch Alterserscheinungen und Krankheiten nicht mehr so leicht ist. Leider kommt es immer wieder vor, dass Hunde in ihrer letzten Lebensphase gewissermaßen aussortiert und abgeschrieben werden, weil sie den Vorstellungen ihrer Besitzer nicht mehr entsprechen. Glücklicherweise gibt es aber auch Menschen, die bereit sind, immer wieder alte Hunde bei sich aufzunehmen. In den Pflegestellen blühen die Hunde-Omas und Hunde-Opas häufig mithilfe der liebevollen Fürsorge noch einmal richtig auf und erholen sich weitgehend von ihren Krankheiten. Schon so mancher Hundesenior von dem man glaubte, er werde das nächste Jahr nicht mehr erleben, ist so steinalt geworden.

## Gesundheitsvorsorge

Sinnvoll ist es, einen älteren Hund dem Tierarzt zweimal jährlich vorzustellen und gründlich untersuchen zu lassen. Der Tierarzt erkennt unter Umständen Krankheitsanzeichen eher und leitet die richtige Behandlung ein. Außerdem kann bei diesen Terminen die notwendige Impfung, eine professionelle Zahnreinigung, das Krallenschneiden und eine gründliche Reinigung der Ohren durchgeführt werden. Die Wurmkur für das nächste halbe Jahr kann man dann auch gleich mitnehmen.

Bei älteren Hunden ist außerdem eine Blutuntersuchung zu empfehlen, die Aufschluss über Mangelerscheinungen und Veränderungen der Blutzusammensetzung geben kann. Damit erhält man möglicherweise Hinweise auf entzündliche Prozesse im Körper, die ein schnelles Eingreifen erforderlich machen.

### Impfung

Wie beim jungen Hund wird auch das ältere Tier gegen den herrschenden Infektionsdruck der klassischen Hundeseuchen durch eine Impfung geschützt. Gerade beim älter werdenden Hund ist das Immunsystem weniger belastbar als beim kerngesunden jungen Tier. Insofern sollte auch jeder Senior regelmäßig – nach Absprache mit dem Tierarzt – geimpft werden.

Gegen diese Krankheiten sollte auch der alte Hund regelmäßig geimpft werden:
- ✓ Tollwut
- ✓ Staupe
- ✓ Hepatitis
- ✓ Leptospirose
- ✓ Parvovirose

## Leben mit Krankheiten

### Wurmkur

Wurmkuren sind für alte Hunde genauso wichtig wie für junge Tiere. Es besteht zwar eine gewisse Abwehr gegen Endoparasiten beim Hund, jedoch steht diese in direktem Zusammenhang mit der Gesamtimmunlage des Tieres. Diese kann unter Umständen beim alten Hund beeinträchtigt sein. Deshalb sollte auch beim alten Hund regelmäßig eine Wurmkur verabreicht werden. Wenn sich im Kot des Hundes Würmer finden, die mit bloßem Auge sichtbar sind, muss von einem massenhaften Befall des Hundes ausgegangen werden. Lassen Sie es gar nicht erst so weit kommen!

## Typische Altersbeschwerden

Aus Altersanzeichen können können Probleme, Beschwerden und letzten Endes auch Krankheiten werden. Manchmal bringen alte Hunde Beschwerden aus der Zeit mit, in der sie gesund und munter wirkten. Nicht behandelte Ohrenprobleme zum Beispiel können zu Schäden im Ohr führen, die sich in ihrem ganzen Ausmaß möglicherweise erst im Alter des Hundes bemerkbar machen. Werden die Ohren nicht regelmäßig gereinigt, kann es zu Verstopfungen und Verklebungen des Ohrenschmalzes kommen; dadurch wird nicht nur das Hörvermögen stark herabgesetzt, sondern auch der Gleichgewichtssinn des Hundes negativ beeinflusst. So manches unsichere Laufen oder gar Schwanken des Hundes kann auf Ohrenprobleme zurückgeführt werden. Übel riechende Ohren mit Absonderung eines Sekrets sind immer Alarmzeichen und erfordern einen Tierarztbesuch. Es kann eine Infektion vorliegen, die mit Antibiotika behandelt werden muss.

Was die Augen betrifft ist es so, dass manchmal nicht nur die Sehkraft nachlässt, sondern auch andere Augenbeschwerden hinzukommen, mit denen der jüngere Hund nie Probleme hatte. Es gibt ältere Hunde, die sogenannte trockene Augen bekommen. Die Entstehung dieser bakteriellen Entzündung (Keratokonjunktivitis) wird häufig dadurch begünstigt, dass der ältere Hund weniger Tränenflüssigkeit hat oder die Zusammensetzung des Tränenfilms so verändert ist, dass er das Auge nicht mehr ausreichend schützt. Diese Entzündung wird dann vom Tierarzt mit einer Augensalbe behandelt.

Neben den Ohren- und Augenbeschwerden macht alten Hunden häufig eine eingeschränkte Beweglichkeit zu schaffen. Wie bei uns Menschen verschlechtert sich die Beschaffenheit der Knochen, und die Elastizität des Bindegewebes lässt nach. Durch eine gezielte Fütterung können wir vorbeugen, die Entstehung von Altersbeschwerden aber nicht vollständig vermeiden. Die Zufuhr von Nährstoffen wie beispielsweise Kalzium stärkt zwar die Knochen, kann Abnutzungserscheinungen aber nicht aufhalten. So nutzt sich die Knorpelmasse der Gelenke ab, was zu Arthrose führen kann. Ein begleitender Abbau der Muskulatur kann zu Altersbeschwerden führen, die die Beweglichkeit des Hundes stark einschränken. Trotzdem kein Grund, die Hände in den Schoß zu legen. Wenn Sie das Umfeld des Hundes seinen veränderten Lebensbedürfnissen anpassen und ihm eine adäquate Behandlung zukommen lassen, kann er auch mit Altersbeschwerden ein schönes Leben führen und Ihnen weiterhin viel Freude bereiten.

**Leben mit Krankheiten**

*Auch wenn die Beweglichkeit des Hundes durch Altersbeschwerden eingeschränkt ist, kann er mit der richtigen Behandlung noch ein schönes Leben führen. (Foto: Pinnekamp)*

## Inkontinenz

Ihr Hund war immer stubenrein, und plötzlich haben Sie hin und wieder eine Pfütze oder sogar ein Häufchen im Haus? Bitte werden Sie nicht ungehalten, denn dies ist ein sicheres Zeichen für eine beginnende Inkontinenz. Es ist eher selten, dass ein Hund das Pinkeln ins Haus als Protest im Rahmen einer Verhaltensänderung zeigt. Meist sind es körperliche Ursachen, die den Hund davon abhalten, sein Geschäft dort zu verrichten, wo er es bisher getan hat, nämlich draußen. Es ist ihm aus verschiedenen Gründen nicht mehr möglich, seine Blase und seinen Darm

# Leben mit Krankheiten

ausreichend zu kontrollieren. Bitte bestrafen Sie deshalb nie einen alten Hund, der ins Haus gemacht hat. Sie können davon ausgehen, dass es nicht seine Absicht war.

Die Ursachen für Inkontinenz können vielfältig sein. Bei Hündinnen nimmt im Alter die Östrogenproduktion ab, was zu Inkontinenz führen kann. Hier ist eine medikamentöse Behandlung in vielen Fällen erfolgreich. Neben Harnwegsinfekten, die mit Antibiotika behandelt werden, können auch Nierenerkrankungen eine Ursache für Inkontinenz sein. Trinkt Ihr Hund ungewöhnlich viel und muss häufig urinieren, kann dies zudem ein Hinweis auf Diabetes sein, der auch beim Hund auftreten kann.

Was Sie tun können? Lassen Sie die Ursache der Inkontinenz Ihres Hundes in jedem Fall vom Tierarzt abklären und umfassend behandeln. Gehen Sie regelmäßig (möglicherweise sehr viel häufiger als früher) mit Ihrem Hund nach draußen, vor allem dann, wenn er Ihnen zu erkennen gibt, dass er hinausmöchte. Sorgen Sie dafür, dass er dann möglichst bald sein Geschäft erledigen kann. Wenn er noch in der Lage ist aufzuhalten, dann meistens nicht mehr allzu lange. Richten Sie deshalb in der Nähe des Hauses eine Stelle ein, an der er sich lösen kann. Dies kann eine Sandecke sein, die Sie regelmäßig reinigen, oder für kleinere Hunde sogar ein Katzenklo im Haus, das im Notfall keine weiten Wege erfordert. Wenn alle Behandlungen keinen Erfolg haben sollten, was glücklicherweise nicht so häufig der Fall ist, besteht die Möglichkeit, dem Senior im Haus eine Windel anzulegen, falls er überall Urinspuren hinterlässt. Es gibt im Fachhandel Windeln für Hunde, die der Größe angepasst sind und das gemeinsame Leben ungemein erleichtern, wenn eine Behandlung der Inkontinenz nicht oder nur unzureichend möglich ist.

## Maulgeruch und schlechte Zähne

Schlechter Atem beim Hund kann mit dem Futter zusammenhängen, in den meisten Fällen ist die Ursache aber direkt im Maul, bei den Zähnen zu suchen. Eine regelmäßige Kontrolle und Reinigung des Gebisses bei der tierärztlichen Routineuntersuchung sollte selbstverständlich sein. Manche Hunde lassen sich problemlos die Zähne reinigen, andere brauchen eine leichte Sedierung, um diese erforderliche Prozedur entspannt über sich ergehen lassen zu können. Wenn Sie Ihren Hund schon früh an regelmäßige Zahnpflege mit anschließender Belohnung gewöhnen, wird er dies vermutlich auch im Alter vertrauensvoll geschehen lassen.

Ist es doch einmal zu Zahnschäden gekommen, sollten diese unbedingt bei einem Tierarzt behandelt werden, der sich mit der Zahnbehandlung von Hunden besonders gut auskennt. Für diese Spezi-alisten, die sogar kieferorthopädische Instrumente für Hunde anpassen können, gibt es inzwischen umfassende Ausbildungen. Aber keine Angst – Sie brauchen Ihrem Hund keine teuren Gold-Inlays oder Keramikbrücken im Wert von Kleinwagen anfertigen zu lassen – es geht nicht um die Schönheit (bei Ausstellungshunden werden allerdings manchmal Zahnbehandlungen durchgeführt, die man sich als Mensch dreimal überlegen würde); bei Ihrem alten Hund geht es bei der Zahnbehandlung vor allem darum, dass er keine Zahnschmerzen erleiden muss. Immer wieder berichten Tierärzte von Hunden mit Eiterherden im Maul, die ihnen höllische Schmerzen verursacht haben müssen. Lassen Sie es auf keinen Fall so weit kommen und untersuchen Sie die Zähne und das Zahnfleisch Ihres Hundes regelmäßig auf Veränderungen.

## Leben mit Krankheiten

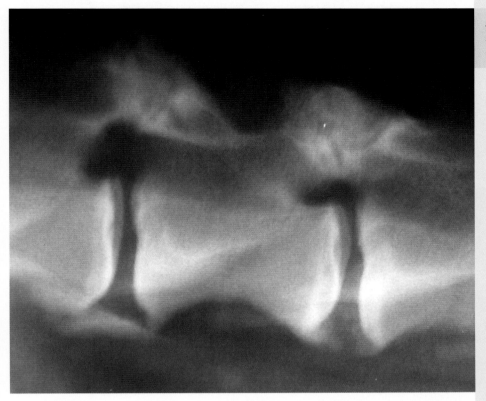

*So sieht Spondylose im Röntgenbild aus. (Foto: JBTierfoto)*

## Erkrankungen des Bewegungsapparates

Neben altersbedingten Verschleißerscheinungen des Bewegungsapparates gibt es Krankheiten, die die Beweglichkeit des Hundes schon in jungen Jahren beeinträchtigen können. Grundsätzlich sind eher die größeren Rassen und jene mit zuchtbedingten anatomischen Besonderheiten (zum Beispiel sehr langer Rücken wie beim Dackel oder abfallende Hinterhand wie beim Schäferhund) mehr betroffen als kleinere Hunde und solche mit einer in dieser Hinsicht günstigeren Statur.

Bei alten Hunden sind verschiedene Formen der Arthrose zu beobachten. Bei dieser Erkrankung verändern sich die Gelenke, was zusammen mit der Abnahme der Knorpelmasse und Zunahme der Knochenmasse zu immensen Bewegungsproblemen führen kann. Entzündungen können entstehen und ebenfalls zu Schmerzen und in der Folge Bewegungsunlust führen. Eine Arthrose der kleinen Gelenke an der Wirbelsäule nennt man Spondylose.

Eine der bekanntesten und häufigsten Erscheinungsformen der Arthrose ist die Hüftgelenkdysplasie (HD), bei der eine genetisch bedingte Fehlentwicklung des Hüftgelenks vorliegt. Diese kann schon beim jungen Hund große Schmerzen verursachen, bei älteren Hunden kommt hinzu, dass die Bewegungsabläufe durch den Verschleiß der Hüfte immer stärker eingeschränkt werden. Hunde setzen oder legen sich häufiger, haben große Schwierigkeiten beim Laufen oder humpeln

## Leben mit Krankheiten

*Bei großen und kleinen Hunden sollte regelmäßig der Gesundheitszustand überprüft werden. Die großen Doggen haben leider meist schon eher Altersbeschwerden als kleinere Rassen. (Foto: Tierfotoagentur/Starick)*

deutlich sichtbar. Hunde mit dieser Erkrankung sollten lieber keinen Hundesport machen, Treppensteigen und zu starke Belastung vermeiden. Neben einer medikamentösen Behandlung, die vor allem der Schmerzbekämpfung dient, kann eine Hüftgelenkdysplasie auch operativ behandelt werden. Physiotherapie für Hunde unterstützt den Muskelaufbau im Bereich des Beckens und der Oberschenkelmuskulatur, sodass das Hüftgelenk entlastet wird. Diese Therapieform hat sich auch bei anderen Erkrankungen des Bewegungsapparates, nach Operationen und zur allgemeinen Unterstützung der dauerhaften Beweglichkeit bewährt.

Akupunktur, knorpelstärkende Futterzugaben wie beispielsweise der Extrakt aus der grünlippigen Zuchtmuschel und, falls erforderlich, die Verabreichung entzündungshemmender Medikamente können ebenfalls dazu beitragen, dass betroffene Hunde schmerzfrei und zufrieden leben können.

Neben den Erkrankungen der Knochen und Gelenke kann eine Einschränkung der

## Leben mit Krankheiten

Muskelbeweglichkeit ebenfalls zu Beeinträchtigungen führen, die sich vor allem in einer Schwäche der Hinterhand zeigen. Die Myopathie (degenerative Muskelerkrankung) kann bei bestimmten Rassen (unter anderem bei Schäferhunden, Boxern, Irish Settern, Huskys, Rhodesian Ridgebacks, Collies) gehäuft auftreten. Es handelt sich dabei um eine Autoimmunerkrankung, die im schlimmsten Fall zur Lähmung und zum Tod des Hundes führen kann. Behandlungsmethoden, die Bewegung (Schwimmen) miteinbeziehen, sowie eine spezielle Diät, die von einem amerikanischen Tierarzt entwickelt wurde, können jedoch günstigstenfalls einen Stillstand der Erkrankung bewirken.

## Erkrankungen der großen Organe

Herz, Leber und Nieren sind die Organe, die beim älteren Hund leider häufiger von Krankheiten betroffen sind. Da immer eine umfassende Diagnostik und Behandlung durch den Tierarzt erfolgen muss, möchte ich mich hier auf mögliche Anzeichen für Organerkrankungen beschränken. Die regelmäßige Durchführung einer Blutuntersuchung hilft, die Gesundheit des Hundes gut im Auge zu behalten, und ermöglicht in den meisten Fällen rechtzeitiges Eingreifen.

Andere Hinweise auf innere Erkrankungen des Hundes können übermäßiges Trinken, Nahrungsverweigerung, Mattigkeit, häufiges Absetzen von Urin, ein aufgeblähter Bauch, starker Haarausfall und Hautveränderungen sein. Wenn Ihr Hund sich anders verhält, als Sie es von ihm kennen, und er zum Beispiel sehr unruhig oder auffallend ruhig wird, sollten Sie dies zum Anlass nehmen, ihn gründlich vom Tierarzt untersuchen zu lassen. Warten Sie damit nicht lange, denn Erkrankungen wie beispielsweise das Cushing-Syndrom (Erkrankung der Nebennierendrüsen) oder Diabetes (Zuckerkrankheit) bedürfen einer sofortigen und gezielten Behandlung durch einen Tierarzt.

Ältere Hunde, die schnell ermüden, husten und vielleicht sogar Atemnot haben, können möglicherweise an einer Herzerkrankung leiden. Auch wenn diese Erkrankungen meist nicht heilbar sind, kann der Zustand des Hundes mit geeigneten Medikamenten so erhalten werden, dass der Senior damit leben kann. Wenn er infolge der Herzerkrankung an einer Wassereinlagerung im Körper leidet, muss diese ebenfalls medikamentös behandelt werden. Der Hund erhält dann in den meisten Fällen entwässernde Medikamente

### Blutuntersuchung

Da Organkrankheiten wie Nieren- oder Leberentzündungen vor allem beim älter werdenden Hund auftreten, sollte es, wie auch in der Humanmedizin üblich, selbstverständlich sein, im Jahresrhythmus beim Hund eine Blutuntersuchung durchführen zu lassen. Nicht nur, dass die Veränderungen im Blutbild selbst (rotes und weißes Blutbild) dabei sofort ersichtlich sind, man bekommt auch einen sofortigen Eindruck der Organfunktionen von Leber und Niere. Ein frühzeitiges tierärztliches Eingreifen in Anfangsstadien einer eingeschränkten Funktion ermöglicht meist eine lange Funktionserhaltung des jeweiligen Organs. Erst bei klinisch sichtbaren Symptomen zum Tierarzt zu gehen und dann ein Blutbild machen zu lassen, ist häufig schon zu spät.

## Leben mit Krankheiten

*Schnelle Ermüdung und Mattigkeit können Zeichen für eine innere Erkrankung sein. (Foto: Tierfotoagentur/ Schwerdtfeger)*

parallel zu Mitteln, die das Herz stärken und die Gefäße erweitern.

Leider treten bei älteren Hunden auch immer wieder Erkrankungen der Fortpflanzungsorgane auf. Die häufigste Erkrankung bei Hündinnen ist die Gebärmutterentzündung, deren Symptome Vaginalausfluss, häufiges Absetzen von Urin und erhöhte Temperatur sein können. Wenn diese Erkrankung frühzeitig erkannt wird und die Gebärmutter operativ entfernt wird, ist die Prognose für eine Heilung gut. Rüden haben im Alter oft Probleme mit Entzündungen der Prostata (Geschlechtsdrüse). Sie fressen schlecht, bewegen sich steif und haben Schmerzen beim Urinieren. Eine medikamentöse Behandlung mit Antibiotika kann helfen, in den meisten Fällen ist jedoch eine Kastration des Rüden nicht zu vermeiden.

## Gutartige Tumoren

So mancher Hundebesitzer hat beim Streicheln seines Hundes schon erschreckt innegehalten, wenn er unter dem Fell des Hundes Hautveränderungen oder kleinere und größere Knoten gefühlt hat. Dies muss nicht immer ein Tumor sein, auch eine verstopfte

## Leben mit Krankheiten

Talgdrüse kann einen gut fühlbaren Hautknoten verursachen, der sich nach einiger Zeit öffnet, abtrocknet und genauso verschwindet, wie er gekommen ist. Tumoren sind Gewebsneubildungen, die sich als kleine oder größere Geschwülste zeigen. Gutartige Tumoren wachsen meist nur langsam, bei schnell an Größe zunehmenden Geschwülsten ist also besondere Vorsicht geboten. Auch gutartige Tumoren können im Laufe ihres Wachstums entarten, also bösartig werden. Deshalb ist es neben einer Untersuchung beim Tierarzt wichtig, die Geschwulst gut zu beobachten, wenn möglich das Wachstum zu messen und medizinisch einzugreifen, sobald dies erforderlich wird. Der Tierarzt sollte entscheiden, ob ein gutartiger Tumor operativ entfernt werden muss. Auch er wird die Geschwulst regelmäßig beobachten und auf verschiedene Anzeichen hin überprüfen. Eine freie Verschiebbarkeit eines Tumors, der direkt in oder unter der Haut liegt, ist meist ein relativ gutes Zeichen, weil davon auszugehen ist, dass die Geschwulst nicht infiltrativ, also in das umliegende Gewebe wächst.

Häufige gutartige Tumoren sind warzenartige Hauttumoren oder gutartige Melanome, die sich als schwarze Knötchen auf der Haut zeigen können. Auch im Maul des Hundes kann es zu gutartigen Wucherungen kommen. Die meist gutartigen Zahnfleischtumoren sollten vom Tierarzt operativ entfernt und sicherheitshalber zur histologischen Untersuchung (Untersuchung des Gewebes) in ein Labor geschickt werden.

### So verabreicht man Medikamente

Medikamente in Pulver- oder Tablettenform kann man dem Hund folgendermaßen geben: Zerkleinern Sie Tabletten in einem Mörser und vermischen Sie das entstehende Pulver mit ein wenig Butter. Diese kleine Kugel geben Sie auf den hinteren Teil der Zunge und halten anschließend den Fang des Hundes zu (ohne die Lefzen einzuklemmen!). Die Butter schmilzt sofort auf der Zunge und der Hund schluckt automatisch. Auch Kapseln können Sie auf diese Weise in etwas mehr Butter „einpacken".

Bei manchen Hunden funktioniert es auch mit Leberwurst, wobei diese den Nachteil hat, dass sie nicht schmilzt.

## Bösartige Tumoren: Krebs

Nimmt die Gewebewucherung mehr Raum ein und ist ein Wachstum in das umliegende Gewebe zu beobachten, handelt es sich häufig um einen bösartigen Tumor. Diese Erkrankung wird als Krebs bezeichnet. Auch ein bösartiger Tumor beim Hund muss aber kein Todesurteil sein. Früh erkannt und gezielt behandelt, können auch Hunde immer wieder als geheilt entlassen werden. Wenn möglich, sollten bösartige Tumoren in einem frühen Stadium operativ entfernt werden. Durchführbarkeit und Erfolg der Operation sind jedoch abhängig von der Stelle, an der sich der Tumor befindet. Ein Tumor, den einer meiner Windhunde auf dem Rücken hatte, war entartet und wuchs plötzlich innerhalb weniger Tage auf Pflaumengröße an. Da bei einer Operation das Gewebe um den Tumor herum mindestens einen Zentimeter im gesunden entfernt werden muss, wurde bei der Operation des Whippets

## Leben mit Krankheiten

*Langhaarige Rassen muss man ganz besonders gut auf eventuelle Gewebewucherungen untersuchen. (Foto: Tierfotoagentur/ Richter)*

## Leben mit Krankheiten

auch viel Haut auf dem Rücken entfernt. Seine „Jacke" wurde immer enger, und die Narbe stand stark unter Spannung. Dieser Tumor ist nach der ersten Operation noch zweimal wiedergekommen und konnte bei der dritten Operation erfolgreich entfernt werden. Alles verheilte gut, und der Hund ist trotzdem noch fast 14 Jahre alt geworden.

Häufige Krebsarten bei älteren Hunden sind vor allem Tumoren am Gesäuge bei Hündinnen sowie Tumoren in der Mund- und Rachenhöhle des Hundes, aber auch Leberkarzinome und Milztumoren (gemischte Tumoren).

Inzwischen kann bei Hunden eine Krebsbehandlung durchgeführt werden, die der beim Menschen ähnelt. Neben komplizierten Operationen ist Chemotherapie möglich, die das Leben des Hundes unter Umständen verlängern kann. Bitte wägen Sie bei Entscheidungen für oder gegen solche intensiven Behandlungsmethoden immer ab, ob eine hundegerechte Lebensqualität während und nach der Behandlung für Ihren Vierbeiner noch gegeben ist.

# Der schlecht sehende oder blinde Hund

Bei vielen alten Hunden ist eine Linsentrübung zu beobachten, die in den meisten Fällen auf den sogenannten Grauen Star zurückzuführen ist, der im Laufe der zeit das Sehvermögen des Hundes stark einschränkt. Eine Operation ist möglich, jedoch nicht in allen Fällen sinnvoll. Seltener tritt der für den Hund schmerzhafte Grüne Star auf. Bei dieser Erkrankung ist eine medikamentöse Behandlung unerläßlich. In beiden Fällen sollten Sie die richtige Behandlungsweise mit dem Tierarzt besprechen.

Wenn alte Hunde schlecht oder gar nicht mehr sehen können, gibt es viele Möglichkeiten, ihnen zu helfen. Wir kön-

nen das Lebensumfeld des Hundes so gestalten, dass er sich trotz seiner Behinderung gut zurechtfindet. Sogar ein „Blindenhund für den blinden Hund" kann eine Unterstützung sein. Die Ausbildung kann man sich sparen, denn bei Mehrhundehaltung geschieht es oft ganz von selbst, dass sich der blinde Hund an seinen sehenden Hundekumpeln orientiert. Wenn das bekannte Territorium verlassen werden muss, hat der Hund seinen Menschen, der ihn sicher durch die Welt begleiten kann. Dafür ist es unerlässlich, dass Mensch und Hund eine gute Beziehung zueinander haben und der Hund das Vertrauen entwickeln kann, seinem Herrchen oder Frauchen zu folgen. Denken Sie also für Ihren schlecht sehenden oder blinden Hund mit und setzen Sie ihn keinesfalls Situationen aus, die er aufgrund seiner Behinderung nicht bewältigen kann. Dazu gehört zum Beispiel die Konfrontation mit anderen Hunden, aber auch mit Menschen und möglicherweise übermütigen Kindern. Da der Hund nicht sieht, was passiert, kann er sich bedroht, bedrängt oder verunsichert fühlen. Man könnte es ihm in einem solchen Moment nicht verdenken, wenn er knurren oder zuschnappen würde.

### Anpassung der Umgebung

Ist der alte Hund in seiner gewohnten Umgebung erblindet, wird er vermutlich nur wenig Schwierigkeiten haben. Er macht die gewohnten Wege im Haus und orientiert sich an ihm bekannten Gerüchen, Abständen und Geräuschen. Ein Umzug mit einem schlecht sehenden oder blinden Hund ist dagegen schon problematischer und erfordert vom Besitzer des Hundes viel Einfühlungsvermögen. Sorgen Sie dafür, dass dem Hund auf den Pfaden, die er natürlicherweise im (neuen) Haus einschlägt, möglichst nichts im Weg steht. Stellen Sie sein Futter- und Wasserschälchen an einen für ihn gut erreichbaren Ort und zeigen Sie ihm diesen Platz, bis er von

## Leben mit Krankheiten

*Der Hündin musste ein Auge aufgrund einer Erkrankung entfernt werden. Sie kann mit dem anderen Auge aber noch ausreichend sehen und kommt erstaunlich gut zurecht. (Foto: JBTierfoto)*

und zeigen Sie ihm diesen Platz, bis er von selbst dorthin findet. Wechseln Sie die Futter- und Wasserstelle genauso wenig wie die angestammten Liegeplätze des Hundes, damit er sich darauf verlassen kann, alles immer wieder an der gleichen Stelle vorzufinden.

### Kommunikation mit dem schlecht sehenden oder blinden Hund

Wichtigste Voraussetzung für eine gute Kommunikation mit beeinträchtigten Hunden ist eine gute Beziehung zwischen Mensch und Hund. Der Hund muss das Vertrauen aufbringen können, Ihnen zu folgen, und das Gefühl haben, bei Ihnen gut aufgehoben zu sein.

Bei der Kommunikation mit schlecht sehenden oder blinden Hunden muss mit Hörzeichen oder taktilen Informationen (Anfassen des Hundes) gearbeitet werden.

In der veränderten Situation ist dies ein Lernprozess, der vor allem eines erfordert: Geduld! Werden Sie nicht ungeduldig, wenn Ihr Hund Sie nicht gleich versteht. Vielleicht war Ihr Zeichen undeutlich oder anders als beim letzten Mal? Versuchen Sie, konsequent immer die gleichen Zeichen anzuwenden, damit Ihr Hund sich darauf verlassen kann. Wenn Sie Ihren Hund schon immer auf eine Pfeife konditioniert haben, ist dies jetzt vor allem beim Spazierengehen besonders hilfreich. Pfeifen Sie, wenn er sich zu weit entfernt hat oder möglicherweise in die falsche Richtung läuft. Warten Sie dann, bis er zu Ihnen kommt und belohnen Sie ihn. Wenn Sie ihm nur mitteilen wollen, wo Sie sich gerade befinden, ohne dass er zu Ihnen kommen muss, können Sie das Händeklatschen einführen. Der Hund kann Sie dann besser orten.

Hat Ihr Hund bisher mehr über den Sichtkontakt mit Ihnen kommuniziert, muss er jetzt lernen, gut hinzuhören. Sprechen Sie ruhig und liebevoll mit ihm und bieten Sie ihm deutliche und nachvollziehbare Kommandos, die im Alltag einen Sinn haben. Freundliche Unterstützung des Hörzeichens durch eine Berührung lassen den Hund besser verstehen, was Sie von ihm erwarten.

Begleiten Sie Ihren Hund häufiger als früher, lassen Sie ihn nur dann frei laufen, wenn keine Gefahr droht und wenn ihm die Umgebung vertraut ist. Denken Sie mit, wenn etwas auf Sie zukommt, was der Hund nicht sehen kann (Fahrräder, Autos), oder wenn Ihr Hund auf etwas zuläuft, was er noch nicht registriert hat. Lassen Sie ihn nicht in Gefahren oder Fehler „hineinlaufen", sondern verwenden Sie ein „Warnwort" (Vorsicht! Pass auf!), damit Ihr Hund weiß, wann Gefahr droht.

Zeigen Sie ihm die Richtung, wenn er dort gefahrlos laufen oder spielen kann, und bewahren Sie ihn vor überraschenden Begegnungen mit anderen Hunden, stürmischen Kindern und Erwachsenen, die den Hund unvermittelt streicheln wollen. Lassen Sie ihn immer erst schnuppern, und akzeptieren Sie es, wenn er sich abwendet und keinen weiteren Kontakt wünscht. Stellen Sie sich beschützend vor ihn, und wehren Sie Angreifer ab, wenn es erforderlich wird, nehmen Sie den Hund jedoch nicht auf den Arm. Natürlich sollten Sie sich für Ihren Hund nicht in Gefahr begeben und mit anderen Hunden kämpfen.

Versuchen Sie, schon im Vorfeld defensiv zu handeln, wenn sich schwierige Situationen anbahnen könnten.

# Der schwerhörige oder taube Hund

Schwerhörigkeit oder Taubheit kann durch Erkrankungen des Ohres entstehen, aber auch als normale Alterserscheinung auftreten. Durch den Verschleiß der Sinneszellen (Haarzellen) im Ohr nimmt die Hörfähigkeit ab, was bei sehr alten Hunden auch schleichend zur Taubheit führen kann. Sie merken es daran, dass Ihr Hund nicht mehr reagiert, wenn er Sie nicht gleichzeitig sehen kann, oder nicht mehr freudig angelaufen kommt, sobald Sie mit der Futterschüssel klappern. Die Behandlung vorliegender Erkrankungen des Ohres ist selbstverständlich. Trotzdem kann die Verschlechterung des Hörvermögens in den meisten Fällen bestenfalls aufgehalten, jedoch nicht rückgängig gemacht werden. Sie müssen also gemeinsam lernen, damit umzugehen.

### Kommunikation mit dem schwerhörigen oder tauben Hund

Auf Spaziergängen, aber auch im Haus bedeutet dies, dass Sie Handzeichen anwenden, um mit Ihrem Hund zu kommunizieren. Holen Sie ihn ab, wenn er irgendwo im Haus gerade dabei ist, die Futterzeit zu verschlafen. Berühren Sie ihn vorsichtig und machen Sie eine Handbewegung, die Sie in Zukunft immer auf die gleiche Weise einsetzen, wenn Sie ihm bedeuten wollen, dass er Ihnen folgen soll.

Unterwegs ist es sinnvoll, ein gut sichtbares Spielzeug mitzunehmen, mit dem Sie bei Ihrem Hund visuelle Aufmerksamkeit erregen können. Sie können ihn dann auf sich aufmerksam machen, wenn Sie möchten,

## Leben mit Krankheiten

*Wenn auch der Mensch Einschränkungen hat, sind Vertrauen und gute Kommunikation besonders wichtig, damit der gemeinsame Spaziergang gelingt.
(Foto: Tierfotoagentur/ Richter)*

## Leben mit Krankheiten

dass er zu Ihnen kommt. Belohnen Sie ihn anschließend durch ein kurzes Spiel mit diesem Spielzeug oder mit einem Leckerchen.

Denken Sie daran, dass Sie ihn nicht rufen können, wenn er in die falsche Richtung läuft, aber auch, wenn er auf andere Menschen zuläuft, die das vielleicht gar nicht wollen. Sie müssen also unter Umständen hinterherlaufen oder warten, bis er von selbst zurückkommt. Je nachdem, wo Sie spazieren gehen, kann es praktisch sein, den Hund an einer Flexileine (Abrollleine) laufen zu lassen. Wählen Sie für den Freilauf dann lieber eingezäuntes Gelände oder übersichtliche Wiesen, auf denen sich Ihr vierbeiniger Senior nach Herzenslust austoben kann.

## Demenz beim Hund

Alzheimer beim Hund? Ja, so etwas gibt es tatsächlich. Die Symptome des sogenannten Kognitiven Dysfunktionssyndroms (CDS) sind tatsächlich mit den Auffälligkeiten vergleichbar, die man auch bei Menschen erlebt, deren geistige Funktionen in einem sehr schnellen Zeitraum rapide abnehmen.

Hunde mit dieser Erkrankung zeigen manchmal sehr unterschiedliche veränderte Verhaltensweisen, deren Ursache auch in einer anderen Erkrankung begründet sein kann. Deshalb ist es sehr wichtig, dass der Tierarzt vor Diagnosestellung andere körperliche Erkrankungen ausschließt. Es ist nämlich nicht ganz leicht zu deuten, welchen Grund ein verändertes Verhalten des Hundes hat. Ist der Hund unruhig, ruhelos oder leicht reizbar, kann dies ein Hinweis auf einen Abbauprozess im Gehirn sein, muss aber nicht. Fängt er in den unterschiedlichsten Situationen immer wieder an zu winseln, muss beispielsweise ausgeschlossen werden, dass er Schmerzen hat, die einer Behandlung bedürfen. Auch scheinbar grundlosem Bellen sollte man auf den Grund gehen. Blinde oder taube Hunde bellen in unsicheren Situationen manchmal, auch wenn sie dies früher nicht getan haben. Eine plötzlich auftretende Inkontinenz kann ebenso andere Ursachen haben wie ungewohntes aggressives Verhalten oder Schwierigkeiten beim Treppensteigen.

Steht der Hund aber plötzlich desorientiert in der Garderobe und bleibt dort mit dem Kopf zur Wand stehen, bis man ihn abholt, kann dies schon ein untrüglicheres Zeichen für eine demenzielle Erkrankung des Hundes sein. Auch andere Zeichen von Verwirrtheit machen eine eingehendere Untersuchung erforderlich: Manche Hunde, die für ihr Leben gern im Auto mitgefahren sind, zeigen plötzlich nie gekannte Ängste, zittern, bellen und urinieren möglicherweise; andere verhalten sich an Orten, an denen sie schon häufig waren, orientierungslos, ängstlich oder apathisch. Es gibt auch Hunde, die ihren Menschen nicht mehr erkennen oder auf Kommandos nicht mehr reagieren, die sie eigentlich schon ein Hundeleben lang kennen.

Wenn der Tierarzt nach umfassenden neurologischen Untersuchungen die Diagnose gestellt hat, ist jedoch nicht alles verloren. Es gibt die Möglichkeit, den Abbauprozess mithilfe eines verschreibungs- pflichtigen Medikamentes aufzuhalten, das die Symptome der Erkrankung ab-schwächen soll. Auch die dosierte Gabe von Beruhigungsmitteln kann dem Hund helfen, aus Angstzuständen wieder herauszukommen und eine Zeit lang weitgehend normal zu leben. Hier ist die engmaschige Kontrolle des Gesundheitszustandes durch den Tierarzt unerlässlich, um die Wirkung des Medikaments zu beobachten und eingreifen zu können, wenn sich der Zustand des Tieres rapide verschlechtert.

Graue Schnauzen | 65

## Leben mit Krankheiten

*Bei Hunden mit Demenz kann es vorkommen, dass sie ihren Menschen anschauen, ihn aber nicht erkennen. Gerade jetzt brauchen sie ganz besonders unsere Hilfe. (Foto:Tierfotoagentur/ Schwerdtfeger)*

Inzwischen gibt es ein Trockenfutter, das speziell für Hunde mit diesen Degenerationserscheinungen entwickelt wurde. Es soll den Abbauprozessen im Gehirn entgegenwirken und kann auch bei fortgeschrittener Erkrankung gefüttert werden.

Bei dieser Erkrankung ist es erforderlich, sich stark an den Bedürfnissen des Hundes zu orientieren. Es kann vorkommen, dass Hunde auch in ihrer gewohnten Umgebung nicht mehr allein bleiben können. Manchmal hilft es, den Aufenthaltsort des Hundes auf einen Raum zu beschränken, in dem er sich schon immer wohlgefühlt hat. Sorgen Sie dafür, dass es dort angenehm temperiert ist, ein gemütliches Körbchen, Wasser und Futter zur Verfügung stehen und nicht gleich der wertvolle Perserteppich auf den Sperrmüll muss, weil der Hund seine Blase oder seinen Darm nicht mehr kontrollieren konnte. Manchmal hilft es, das Radio einzuschalten oder einen anderen ruhigen Hund mit im Zimmer zu lassen. Es kann aber auch sein, dass Ihr Hund irgendwann zum Pflegefall wird und Betreuung rund

## Leben mit Krankheiten

um die Uhr benötigt. Spätestens in diesem Moment muss man darüber nachdenken, wie viel Lebensqualität für den Hund noch gegeben ist. Unser alter Whippet, der am Kognitiven Dysfunktionssyndrom erkrankt war, hatte tagsüber meist eine schöne Zeit in Haus und Garten, zusammen mit den anderen Hunden. Sobald aber die Sonne unterging veränderte sich die Situation: Völlig desorientiert konnte er dann stundenlang vor sich hin jaulen, ohne dass man ihn beruhigen konnte. Ein Phänomen, das man auch von menschlichen Patienten kennt. Das Tageslicht hat deutlichen Einfluss auf das Befinden und den Orientierungszustand des Patienten. Als sich die desorientierten Phasen unseres Hundes auch auf den Tag ausbreiteten und nur noch winzige Zeitfenster übrig blieben, in denen er zufrieden wirkte, mussten wir eine Entscheidung treffen, die vermutlich niemandem in so einer Situation leichtfällt: Wir mussten ihn einschläfern lassen.

*Gut, dass man meistens nicht genau weiß, wann es Zeit wird zum Abschiednehmen. (Foto: Tierfotoagentur/ Schubbel)*

## Für immer einen Platz im Herzen:
# Abschied nehmen

Es gibt Menschen, die schaffen sich gar nicht erst einen Hund an, weil sie wissen, dass sie irgendwann von ihm Abschied nehmen müssen. Es gibt leider auch Menschen, die ihren alten Hund abgeben, um sich umgehend wieder einen jungen kaufen zu können. Und glücklicherweise gibt es viele Menschen, für die der Tod des geliebten Vierbeiners ebenso zum Leben gehört wie die Welpenzeit. Wenn wir ein schönes und erfülltes gemeinsames Leben hatten, macht das den Abschied zwar nicht leichter,

# Abschied nehmen

schenkt uns aber viele schöne Erinnerungen. Jeder Hund ist anders, und um manche müssen wir besonders weinen, weil die Lücke, die sie hinterlassen, sehr, sehr groß ist.

Ich habe die Erfahrung gemacht, dass es leichter ist, dem Hund einen guten Platz im Herzen zu geben, wenn man auch die Zeit des Abschieds bewusst erlebt und würdevoll gestaltet.

## Wenn der Hund plötzlich stirbt

Der unerwartete Tod eines Hundes ist sicherlich schwer zu verkraften, vor allem, wenn der Vierbeiner noch nicht alt war und man gar nicht damit gerechnet hat. Ein Unfall, eine fatale Krankheit oder auch der Tod auf dem Operationstisch können Ursachen für einen überraschenden Tod des Hundes sein. Auch wenn Sie in dem Moment nicht mehr für Ihren Hund da sein können, wird es Ihnen selbst vielleicht guttun, wenn Sie sich Zeit für den Abschied nehmen. Wenn Ihr Hund zu Hause ist, können Sie ihn in sein Körbchen legen, zudecken und Ihren Tränen freien Lauf lassen. Ist er woanders verstorben, haben Sie unter Umständen die Möglichkeit, ihn mit nach Hause zu nehmen. Möchten Sie das nicht, hilft Ihnen vielleicht ein Foto aus besseren Zeiten und eine kleine Kerze, zur Ruhe zu kommen und darüber nachzudenken, was passiert ist. Gehen Sie nicht gleich zur Tagesordnung über – ein Hund ist ein Familienmitglied, und es hat seine Berechtigung, über den Tod sehr traurig zu sein. Kindern helfen kleine Rituale ganz besonders, sich mit einer Situation anzufreunden. Sie sind darin häufig viel offener als wir Erwachsenen. Scheuen Sie sich nicht, auch als Erwachsener kleine Rituale mit dem Tod Ihres Vierbeiners zu verbinden.

## Wenn eine Behandlung nicht mehr weiterhilft

Zeit für einen würdevollen Abschied gibt es dann, wenn Ihr Hund so krank ist, dass eine Behandlung zwar dafür sorgen kann, dass er keine Schmerzen hat, eine Besserung jedoch nicht mehr in Sicht ist. Wenn der Tierarzt dies mitteilen muss, dauert es meist eine Weile, bis es zu uns durchgedrungen ist: Der geliebte Vierbeiner wird in nicht allzu langer Zeit sterben. Ihr Tierarzt kann einschätzen, wie es Ihrem Hund geht, und weiß, was Sie tun können, um ihm noch eine angenehme letzte Zeit zu bereiten. Vielleicht braucht er besonders viel Wärme, bestimmte Medikamente oder mehrere kleine Mahlzeiten am Tag. Auch wenn Sie bestimmt beim Anblick Ihres Hundes immer wieder daran denken müssen, dass er bald nicht mehr da sein wird: Genießen Sie diese Zeit. Gehen Sie mit ihm (wenn er das noch kann) an Orte, an denen er immer gern gewesen ist, verbringen Sie viel Zeit mit ihm und schenken Sie ihm ganz besonders viel Aufmerksamkeit. Warum soll er nun nicht bei Ihnen auf dem Sofa liegen, auch wenn er das vielleicht bisher nie durfte? Warum soll er nicht mal ein Stück Schinken aus der Hand bekommen?

Pflegen Sie den Senior besonders liebevoll: Bürsten Sie ihn täglich, wenn er es mag, bringen Sie ihm mal ein besonders schönes Stück Fleisch vom Metzger mit, wenn er gar nicht mehr so recht fressen will und stellen Sie ihn in den Mittelpunkt Ihres (Familien)lebens. Viele Hunde leben in so

## Abschied nehmen

*Wenn es noch andere Tiere in der Lebensgemeinschaft gibt, die sehr an ihrem Hundekumpel hängen, sollte man berücksichtigen, dass auch sie vermutlich trauern wenn er mal nicht mehr da ist. (Foto: Tierfotoagentur/ Schwerdtfeger)*

einer Zeit noch einmal ganz besonders auf. Plötzlich haben sie, für ein paar Tage oder Wochen vielleicht, wieder ungeahnte Kräfte, verbellen noch einmal ordentlich den Zeitungsboten, jagen Nachbars Katze auf den Baum und klauen den Kuchen vom Tisch. Wenn Sie im Laufe der Zeit merken, dass die Kräfte nachlassen, dann versuchen Sie ehrlich zu sich zu sein: Ist das Leben Ihres Hundes noch würdig und hundegerecht, oder leidet er womöglich, hat Schmerzen und kann gar nicht mehr laufen? Sprechen Sie mit Ihrem Tierarzt, damit er beurteilen kann, wie es Ihrem Hund geht.

### Eine schwere Entscheidung: das Einschläfern

Leider sterben die wenigsten Hunde eines natürlichen Todes. Wir kennen zwar auch für Hunde eine Intensivmedizin, die ihr Leben verlängern kann, die Pflege „bettlägeriger" Hunde hat aber ihre Grenzen. Kann ein Hund nicht mehr aufstehen, seine Blase und seinen Darm nicht mehr kontrollieren und auch sonst nichts mehr tun, was für Hunde typisch ist, wird es Zeit, darüber nachzudenken, ob man ihn einschläfern lassen sollte. Schleppen Sie Ihren Hausgenossen aber in diesem Zustand

## Abschied nehmen

lieber nicht mehr in die Tierarztpraxis. Die Anstrengungen der Fahrt, die Ängste in der Praxis und auch Ihre Aufregung würden ihn in dieser Situation beunruhigen und seinen letzten Weg unter Umständen zu einer hektischen Aktion werden lassen. Auch wenn es sicherlich mehr kostet: Bitten Sie Ihren Tierarzt, zu Ihnen nach Hause zu kommen, um den Hund in seiner gewohnten Umgebung einzuschläfern. Wenn es sich nicht vermeiden lässt, in die Praxis zu fahren, vereinbaren Sie in jedem Fall einen Termin außerhalb der Sprechstunde mit Ihrem Tierarzt, damit Sie und Ihr Hund nicht der allgemeinen Hektik und den gut gemeinten Kommentaren der anderen Tierbesitzer ausgesetzt sind.

### Für einen Freund da sein

Lassen Sie Ihren Hundefreund, der Sie jahrelang begleitet hat, in seiner letzten Stunde nicht allein. In den meisten Fällen ist Einschläfern ein ruhiger und nahezu friedlicher Vorgang, bei dem der Hund Ihre Nähe spüren sollte. Halten Sie ruhig seine Pfote, streicheln Sie ihn hinüber, und schämen Sie sich auch vor dem Tierarzt nicht Ihrer Tränen, die ausdrücken, wie sehr Sie Ihren Hund geliebt haben.

### Wann?

Der Tierarzt wird Ihnen einen Vorschlag machen, wann er kommen kann. Wählen Sie den Zeitpunkt so, dass die ganze Familie die Möglichkeit hat, sich in Ruhe von dem Hund zu verabschieden. Und auch so, dass keiner gleich hinterher einen Termin, ein Fußballtraining oder ein Essen mit Freunden hat. Wenn es irgendwie geht, nehmen Sie sich frei. Es wird ein schwerer Tag, aber auch ein Tag, an dem Sie in Ihrer Trauer um den Tod Ihres Hundes näher zusammenrücken können. Wenn der Tierarzt am späten Vormittag (vielleicht nach seiner Sprechstunde) kommen kann, müssen Sie nicht so lange auf den Moment warten, haben aber trotzdem noch einige Stunden, die Sie mit Ihrem Hund verbringen können. Am Nachmittag bleibt Zeit, den Hund noch ein wenig bei Ihnen zu lassen, einen schönen Blumenstrauß zu pflücken und ihn gemeinsam zu beerdigen.

### Wo?

Am besten da, wo Ihr Hund immer gern gelegen hat. Es gibt keinen Grund, den sterbenden Senior plötzlich in den Keller zu verbannen, und der Vorgang des Einschläferns erfordert auch keinesfalls ein gekacheltes Badezimmer. Der Hund kann einfach in seinem Körbchen liegen bleiben, zugedeckt mit seiner Lieblingsdecke und umringt von allen, die ihren guten Freund in diesem Moment nicht allein lassen möchten. Wenn ein Hund eingeschläfert wird, lässt er irgendwann Urin und auch Kot unter sich. Rechnen Sie also damit, dass Sie die Decke, auf der er liegt, anschließend wegwerfen oder sehr heiß waschen müssen. Ich halte es persönlich für wichtiger, dass der Hund auf seiner gewohnten Decke

## Abschied nehmen

liegt, und opfere in so einem Moment mit aller Liebe auch eine besonders schöne Hundedecke.

### Wie?

Egal ob in der Praxis oder zu Hause: Der Vorgang des Einschläferns ist immer ähnlich und von einem erfahrenen Tierarzt ausgeführt kein schreckliches Ereignis. Der Hund bekommt eine Verweilkanüle in die Vene gelegt, sofern dies möglich ist. Alternativ ist auch eine Injektion in den Muskel der Hinterhand möglich. Über die Kanüle oder intramuskulär erhält der Hund ein Narkosemittel, das ihn, wie bei einer Operation, in eine sichere Vollnarkose bringt. Dadurch ist sichergestellt, dass er vom letztendlichen Einschläfern nichts mehr merkt. Es wird nun etwa zehn Minuten gewartet, bis die Vollnarkose wirkt. Sofern die Vene zugänglich ist, wird nun eine Überdosis eines Narkosemittels (Barbiturat) gegeben. Dies führt zu einem schnellen Herz- und Atemversagen, an dem der Hund unmittelbar verstirbt.

Wenn der Hund sehr alt ist und einen schwachen Kreislauf hat und wenn die Vene nicht mehr zugänglich ist, ist auch eine intrakardiale Injektion (ins Herz) oder intrapulmonale Injektion (in die Lunge) möglich. Da der Hund sich in Vollnarkose befindet, wird er auch davon nichts merken.

Der Hund öffnet häufig noch einmal seinen Fang und atmet ein letztes Mal hörbar, bevor er endgültig den Weg über die Regenbogenbrücke geht. Da ein Narkosemittel verwendet wird, brauchen Sie nicht zu befürchten, dass der Hund zuckt oder krampft. Er wird ganz entspannt in seinem Körbchen liegen und so aussehen, als würde er schlafen.

*Es sieht wirklich fast so aus, als würde er nur schlafen. Liebevolle Rituale wie ein frischer Blumenstrauß und die warme Decke machen das traurige Ereignis zu einem würdevollen Abschied. (Foto: Fritschy)*

## Abschied nehmen

*Es gibt die Möglichkeit, den Hund auf einem schön angelegten Tierfriedhof bestatten zu lassen.*
*(Foto: JBTierfoto)*

### Neue Wege: Tierbestattung und Tierfriedhöfe

Der Tierarzt ist kein Bestattungsunternehmen und wird Ihren Hund, den er gerade eingeschläfert hat, vermutlich nicht mitnehmen. Wenn der Hund in der Praxis eingeschläfert wird, können Sie ihn gegen eine Gebühr dalassen, er wird dann über ein Tierkörperbeseitigungsunternehmen entsorgt. Aber nur, wenn Sie das so möchten.

Auch ein Bestattungsritual kann helfen, den Tod des Hundes zu verarbeiten. Womöglich wünschen Sie sich einen Ort der Erinnerung, an den Sie jederzeit zurückkehren können?

Auf eigenem Grundstück ist das Begraben eines Hundes erlaubt, sofern es sich nicht in einem Wasserschutzgebiet befindet. Aber auch für die, die kein eigenes Stück Land besitzen, gibt es verschiedene Möglichkeiten, den Hund würdevoll zu beerdigen. Es gibt inzwischen

## Abschied nehmen

*Kein Hund ist wie der andere. Ein Vergleich wäre immer ungerecht. (Foto: Tierfotoagentur/Fischer)*

Tierbestattungsunternehmen, die ganz unterschiedliche Möglichkeiten bieten. Sie können Ihren Hund auf einem Tierfriedhof beerdigen oder bei einem Tierbestattungsunternehmen einäschern lassen. Die Asche können Sie an dafür vorgesehenen Plätzen ausstreuen oder in einer Urne mitnehmen. Wenn Sie selbst nicht hinfahren können, geht der Service der Tierbestattungsunternehmen so weit, dass der tote Hund auf Wunsch bei Ihnen abgeholt wird. Die Asche erhalten Sie dann nach einigen Tagen in einem speziellen Behälter per Post.

In manchen Regionen werden für die Tierbestattung sogenannte Friedwälder angelegt. Dort können an bestimmten Stellen im Wald Tiere beerdigt werden. Danach wird symbolisch ein Baum gepflanzt, sodass ein neuer Wald entsteht, in

## Abschied nehmen

dem man sich gern und in Ruhe an sein geliebtes Haustier erinnert.

## Ein neuer Hund?

Ein verwaistes Körbchen, die unbenutzte Leine an der Garderobe und die fehlende stürmische Hundebegrüßung machen die erste Zeit ohne Hund nicht leicht. Wenn man mehrere Hunde hat, gibt es immer noch die anderen, um die man sich kümmern kann; hatte man nur einen Hund, fällt die Lücke noch mehr auf. Ob man gleich einen neuen Hund zu sich nimmt oder eine Zeit lang wartet, kann man nur selbst entscheiden. Es geht hier nicht um Richtig oder Falsch, sondern einzig und allein um Ihr Gefühl. Und wenn Sie sich einen neuen Hund wünschen, wird er bestimmt genau zum richtigen Zeitpunkt in Ihr Leben treten. Ganz bestimmt werden Sie seinen Vorgänger deshalb nicht vergessen. Ein neuer Hund wird den alten nie ersetzen, er wird ihm nur nachfolgen und seinen ganz eigenen Platz in Ihrem Herzen erobern.

*(Foto: Pinnekamp)*

# Anhang

## Danke

Ich danke Herrn Dr. Jochen Becker für die tierärztliche Beratung zu diesem Buch. Außerdem danke ich den alten Hunden, die mein Leben bisher begleitet haben, für die wunderbare gemeinsame Zeit.

## Adressen

### Hundezahnärzte
Adressen von Tierärzten mit der Zusatzbezeichnung Zahnheilkunde bei Tieren können über die zuständige Tierärztekammer erfragt werden.

### Duftröhrchen für Nasenspiele und Plaque Off®
www.hund-und-freizeit.com

### Windeln für Hunde
www.padvital.de

### Weiche Liegedecken
(zum Beispiel Athrovet-Matte)
www.sabro.de

### Tierbestattung
Kleintierkrematorium
IM ROSENGARTEN
www.Kleintierkrematorium.de

# Literatur

Biereth, Werner:
Fährtenarbeit- Spurensuche mit dem
Hund
Brunsbek: Cadmos Verlag, 2003

Böhm, Silke:
Rohfütterung für Hunde
Brunsbek: Cadmos Verlag, 2006

Furck, Valeska, Dr.:
HD- was nun?
Brunsbek: Cadmos Verlag, 2005

Hallgren, Anders:
Mentales Training für Hunde
1.Aufl. Brunsbek Cadmos Verlag, 2003

Meermann, Silke:
Handbuch Hundekrankheiten
Brunsbek: Cadmos Verlag, 2007

Mühlbauer, Brunhilde:
Hunde richtig massieren
Brunsbek: Cadmos Verlag, 2004

Rauth-Widmann, Brigitte, Dr.:
Die Sinne des Hundes
Brunsbek:
Cadmos Verlag, 2005

Sondermann, Christina:
Das große Spielebuch für Hunde
Brunsbek: Cadmos Verlag, 2005

Tabeling, Robert:
Vorsicht: Dicker Hund
Brunsbek: Cadmos Verlag 2004

Zaitz, Manuela:
Trickschule für Hunde
Brunsbek: Cadmos Verlag, 2007

# Stichwortregister

## A

Altersbeschwerden ................52, 53, 56
Ängstlichkeit ...............................17, 19
Arthrose ................................40, 52, 55
Augenerkrankungen.....................16, 17

## B

Baden................................................43
Bellen.........................19, 20, 21, 65, 70
Beweglichkeit .................15, 35, 48, 52, 53, 55, 56, 57
Bewegungsapparat ......16, 35, 44, 55, 56
Blind ..............................17, 61, 62, 65
Blutbild ............................................57
Blutuntersuchung ...........35, 50, 51, 57

## C

Chemotherapie .....................................61

## D

Demenz ................................19, 65, 66
Diabetes ........................................54, 57
Diät ...............................................47, 49, 57
Dosenfutter .......................................47
Duftröhrchen ...............................37, 76
Dummy ...............................32, 35, 42
Dysfunktionssyndrom, kognitives ....................................65, 67

## E

Einschläfern .....................67, 70, 71, 72
Einstiegshilfe ...............................15, 16
Energiebedarf ...................................18
Ermüdung .........................................58

## F

Fahrradanhänger............................32, 33
Fell......13, 19, 27, 28, 39, 43, 47, 48, 58

## G

Gebärmutterentzündung ....................58
Gelenke ....................39, 48, 52, 55, 56
Gesundheitsvorsorge..........................51
Glaukom...........................................17
Gleichgewichtsstörungen ..............17, 30
Größe .......................11, 12, 13, 16, 39, 41, 54, 55, 56

## H

Hörvermögen .............13, 17, 18, 52, 63
Hüftgelenkdysplasie.....................55, 56
Hundephysiotherapie .........................51
Hundesport ............................32, 35, 56

## I

Impfung............................................51
Inkontinenz .....................23, 53, 54, 65

## K

Kastration .........................................58
Knochen .........................15, 25, 38, 39, 48, 52, 55, 56
Knoten..............................................58
Kommunikation ...............8, 13, 17, 23, 62, 63, 64
Kondition ....................................34, 35
Krallen ....................27, 28, 31, 32, 51
Krebs .........................................59, 61

# Stichwortregister

## L

Lebenserwartung ...........................11, 13
Lebensqualität .............15, 28, 51, 61, 67
Liegeplätze .....................................39, 62

## M

Mäntel ...........................................39, 40
Massage ......................19, 28, 44, 45, 51
Maulgeruch ...................................29, 54
Medikamente ........51, 56, 57, 59, 65, 69
Melanom ..............................................59

## N

Narkose ................................................72

## O

Ohren.........................30, 31, 43, 51, 52
Organe ......................16, 18, 48, 57, 58
Orientierung ..................................65, 67

## P

Pflege ..................11, 19, 26, 27, 28, 29,
            30, 31, 51, 54, 66, 69, 70
Pfoten ...........................................31, 32

## R

Rasse ......................8, 11, 12, 13, 15, 28,
            39, 41, 46, 55, 56, 57, 60
Rohfütterung ...........................47, 48, 77
Rudel ...............................21, 23, 24, 39
Ruhe ........................21, 25, 34, 41, 43,
            45, 65, 69, 71, 75

## S

Schlafen ...............22, 39, 41, 45, 63, 72
Schmerzen .................15, 16, 32, 44, 54,
            55, 58, 65, 70
Schwimmen ...........................35, 42, 57
Sehstörung .........................................17
Sinneswahrnehmung ..........................15
Spielideen............................................35
Spondylose .........................................55
Steighilfen ...........................................39
Stoffwechsel .......................................18
Stubenreinheit ...............................21, 22

## T

Taub...........................................18, 63, 65
Tierbestattung ........................73, 74, 76
Tierfriedhof ................................73, 74
Tod ...........................57, 59, 68 ff., 73
Treppengitter ......................................39
Trockenfutter ..........................47, 48, 66

Tumor ..................................58, 59, 61

## V

Veränderungen ...............15, 19, 24, 51,
            54, 57, 58
Verhaltensänderungen ..................19, 21

## W

Wellness.........................................28, 41
Wesensänderungen .............................22
Windeln........................................54, 76
Wurmkur.......................................51, 52

## Z

Zähne..............................18, 29, 47, 54
Zahnreinigung ........................29, 30, 51

## HUNDEBÜCHER

**Silke Meermann**

# HANDBUCH HUNDEKRANKHEITEN

In diesem praktischen und fachlich kompetenten Ratgeber werden alle wichtigen Hundekrankheiten mit Symptomen, Diagnose und möglicher Behandlung beschrieben. Zusätzlich erfährt der Leser Wissenswertes über sinnvolle Gesundheitsvorsorge und Reisekrankheiten bei Hunden.

144 Seiten
farbig, gebunden
ISBN 978-3-86127-795-8

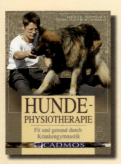

**Kühnau/Warnat**
### HUNDEPHYSIO-THERAPIE

Dieses Buch wendet sich unter anderem an Hundebesitzer, deren Hunde funktionelle Probleme des Bewegungsapparates haben oder die prophylaktisch tätig sein wollen. Mögliche Behandlungsweisen mit passiven Maßnahmen wie Massage und Wärmetherapie und aktiven Übungen aus der Bewegungstherapie werden anschaulich erläutert.

112 Seiten
farbig, gebunden
ISBN 978-3-86127-783-5

**Manuela Zaitz**
### TRICKSCHULE FÜR HUNDE

Wer seinen Hund sinnvoll beschäftigen möchte, kann seinen Vierbeiner auch mit lustigen oder anspruchsvollen Tricks jeden Tag aufs Neue begeistern und beschäftigen. Welche Methoden hierbei sinnvoll sind und wie man dem Hund zahlreiche Tricks beibringen kann, wird in diesem Buch anschaulich beschrieben.

128 Seiten
farbig, gebunden
ISBN 978-386127-794-1

**Brunhilde Mühlbauer**
### HUNDE RICHTIG MASSIEREN

Richtig eingesetzt können Massagen das Wohlbefinden Ihres Hundes steigern, eine Heilung bechleunigen, Störungen beseitigen und Schmerzen lindern. Dieses Praxisbuch zeigt verschiedene Methoden für eine hilfreiche und liebevolle Hundemassage.

128 Seiten
farbig, gebunden
ISBN 978-386127-782-8

**Silke Böhm**
### ROHFÜTTERUNG FÜR HUNDE

Frischfleischfütterung ist artgerecht und gesund. Die Autorin erklärt vom Einkauf bis zur zubereitung praxisnah, wie man diese gesunde, preiswerte und artgerechte Form der Ernährung für seinen Hund umsetzen kann.

128 Seiten
farbig, gebunden
ISBN 978-386127-800-9

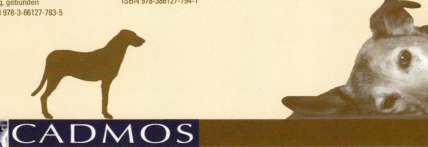

## CADMOS

www.cadmos.de

Cadmos Verlag GmbH · Im Dorfe 11 · 22946 Brunsbek
Tel. 04107 8517-0 · Fax 04107 8517-12